MANI * Perlenlieder

MANI

Perlenlieder

EINE AUSWAHL MANICHÄISCHER TEXTE

Herausgegeben von Christa Maria Siegert

h e r m a n e s T. Verlag

Erstauflage: 1985

ISBN: 3-925072-01-2

h e r m a n e s T. Verlag, D 8501 Cadolzburg

Ich bin das A und das O,
der Erste und der Letzte,
der Anfang und das Ende.
Selig sind, die ihre Kleider waschen,
auf daß sie teilhaben am Baum des Lebens
und zu den Toren eingehen in die Stadt.

Johannes-Offenbarung 22/13

V o r w o r t

M a n i - Perlenlieder sind Lieder der S e e l e.
Die vorliegende Textauswahl umfaßt manichäische Hymnen, Gebete
und Weisungen, die sich als ein kraftvolles Zeugnis gnostischen
Strebens der Seele, des göttlichen Saatkorns im Herzen, offenbaren.

Diese Ausgabe, der im 2o. Jahrhundert wiedergefundene, manichäische
Handschriften und Übersetzungen zugrundeliegen, hat nicht zur Aufgabe,
rein akademisches Interesse an den Manichäern zu befriedigen.

Sie ist vielmehr geprägt vom Verlangen, das Universelle Christus-
bemühen mit Welt und Menschheit um die Mitternachtsstunde dieser
Ära als ein Flammenzeichen am Horizont den Suchern erkennbar
zu machen.

In den Mysterienschulen aller Zeiten wurde das Universelle Wissen
vom zentralen Sonnen-Logos weitergetragen, der sich durch seine
Söhne stufenweise mit dem Erdenfeld verbindet, um die Rettung und
Rückkehr der gefallenen Seele ins ursprüngliche Lebensfeld zu
ermöglichen.

Ausgehend von Persien bemühte sich M a n i im 3. Jhdt.n.Chr.
mit seinen Mysterienschülern, den Manichäern, die Saat des Universellen
Christentums, die J e s u s - der im Christusgeist Vollendete -
gelegt hatte, vom Unkraut verhärteter Dogmen zu reinigen und neu
in die Welt des Zwiespalts einzupflanzen.

Den östlichen Magiern und der Römischen Kirchenmacht gelang es,
die Manichäer und all ihr Schrifttum nachhaltig auszurotten.
Trotz Martyrium und Hinrichtung ist es jedoch niemals gelungen,
der reinen Seele Gewalt anzutun, die, sich bewußt losringend von
den Mächten der relativen Welt, zum Licht der absoluten Gottesnatur
zurückstrebt.

Die Wahrheit Inneren Christentums durchdringt alle zeiträumliche Erscheinung und der Sieg der überwindenden Seelen-Gemeinschaft - der 'Ekklesia' - ist unantastbar.

Inmitten allen Zerfalls unsrer Zeit leuchtet still die ewig gleiche Wahrheit. Und der Ruf der Universellen G n o s i s erklingt:

"Befreit eure Seele von den Ich-Kräften der relativen Welt!
Laßt emporsteigen aus sturmgetriebenen Meeren die Lichtperle!"

August 1985   *C.M.Siegert*

E i n l e i t u n g

G n o s i s ?

*Die Erkenntnis des Allein–Guten, des absolut Göttlichen, wahre Selbst-
erkenntnis ist das Wesen aller G n o s i s.
Es ist die Erkenntnis vom 'Baum des Lebens', der in der Mitte
steht: ein Sinnbild für den göttlichen Mikrokosmos und Makrokosmos.*

*G n o s i s ist gleichzeitig das klare Durchschauen der relativen
Welt der Gegensätze, die sich in endlos auf- und niedersteigenden
Spiralen entfalten und wieder absterben, mit dem ausschließlichen
Ziel, den Menschen durch die dialektische Erfahrungsschule zu führen
und ihn letztendlich an die Grenze der relativen Welt zu begleiten:
Der 'Baum der Kenntnis des Guten u n d (!) Bösen', der auch als
Sinnbild für den aus der Mitte gefallenen Mikrokosmos gilt, wird
für den Menschen innereigene Erfahrung.*

*Der Mensch, der auf seinem langen Erfahrungsweg durch zahllose
Leben die Welt der Relativität in ihrem ziellosen Auf- und Niedergang,
gebunden ans Rad von Geburt und Tod, durchschauen lernt, hebt
suchend seinen Blick zu den Bergen und sehnt sich nach dem Aufgang
des Absoluten, Ewigen, nach G o t t: das g n o s t i s c h e
Element in seiner Mitte erwacht!*

*Sein Erfahrungspotential hat Kulmination und Nadir in der Lebens-
spirale erreicht. Sein Maß ist voll! Er ist reif geworden für die
fundamentale Umkehr zum Baum des Lebens, zum Allein-Guten.
Die 'P e r l e', die göttliche Saat in seinem Herzen, das Christus-
Atom, welches als einziges 'Organ' die Strahlung aus dem Universellen
Christusgeist, dem Sonnen-Logos, empfangen kann, erhebt die Stimme
und ruft den Menschen auf, dem 'Anderen i n ihm' den Pfad recht
zu machen für die Heimkehr zum 'Vater': dem Königreich der absoluten
Mitte.*

*Wer diesen Ruf des Christus-Atoms in seinem Herzen vernimmt und
sich dem Erlösungsweg seiner Seele in fundamentaler Selbstübergabe
weiht, wird zum G n o s t i k e r.*

Die M a n i c h ä e r waren reine G n o s t i k e r.

*"Das Licht strahlt in die Finsternis,
aber die Finsternis kann es nicht begreifen"*

*Dieses Wort aus dem Johannes-Evangelium will uns zu verstehen
geben, daß wir in einer Welt seelischer Finsternis, geistiger Umnachtung
leben und die alles durchdringende Liebesstrahlung des Christusgeistes
nicht erkennen.*

*Erst müssen Lichtsöhne in die Finsternis hinabtauchen und sich
mit dem Unbewußtsein dieser Welt verbinden, um von untenher dem
Menschen den Befreiungsweg zur Lichtgeburt 'einleuchten' zu lassen.*

Und wie reagieren die Menschen? In ihrer Umnachtung töten sie die stoffliche Hülle des Lichtsohnes. Sie nageln den Geist der Wahrheit ans Kreuz der Relativität. Anschließend machen sie aus ihm einen physischen Abgott, den sie auf ihre blutigen Kriegsfahnen und Spruchbänder malen. Doch den Weg zur Lichtgeburt, den Weg der 'Transfiguration', beschreiten sie nicht.

Wir staunen über das alchymische Wunder schöpferischer Intelligenz, wenn wir sehen, wie die Raupe, untergehend in der Verpuppung, die Umwandlung in eine völlig neue Dimension, die Metamorphose zum Falter erfährt. Doch als Menschen, die wir doch alle die Saat der Geistseele im Herzen tragen, stehen wir dem schöpferisch-intelligenten Prozeß einer notwendigen Ich-Aufgabe zur Transfiguration noch fassungslos gegenüber.

Die M a n i c h ä e r haben sich bemüht, diesen Weg der Transfiguration, in Selbstübergabe an das Königreich i n ihnen zu beschreiten.

"Mein Volk geht verloren, wenn es keine Gottes-Erkenntnis hat"

Unsere sinnlich und 'übersinnlich' erfahrbare Welt ist eine Welt des Aufblühens und wieder Versinkens. Alles kommt. Alles geht. Alle Werte verkehren sich früher oder später in ihr Gegenteil. Alles zur Geburt und zum Wachstum Gelangende ist unausweichlich dem Gesetz des Todes unterworfen.

Doch in all ihrer Vergänglichkeit ist unsere Welt eine wunderbarschreckliche Erfahrungsschule: Geburt und Tod, Mann und Frau, Lachen und Weinen, Diesseits und Jenseits mit ihrem ätherischen Kräfteaustausch, sie müssen unzählige Male durchlebt und durchlitten werden, ehe der Mensch nach dem S i n n dieses Daseins fragt: "Wer bin ich? Woher komme ich? Wohin gehe ich?"

Der kultivierte Intellekt unsres Selbstbewußtseins im 'Baum des Guten u n d Bösen' sucht vergebens darauf eine Antwort.

Der auf- und niedersteigende Spiralengang einander ablösender Weltperioden führt jeden Menschen in die äußerste Lebenskrise, welche die eindringliche Frage nach dem Sinn dieser Welt hervorbringt: in der Stille der Ichverlorenheit wird die Antwort aus der Mitte geboren:

"Ohne Mich, ohne das Licht der Gottes-Erkenntnis, ohne Gnosis, könnt ihr nichts tun!"

Die Menschheit wird also durch alle Kulturen hin zur entscheidenden Lebenserfahrung geleitet: Die Relativität unsrer Naturordnung in ihrer Begrenztheit und aussichtslosem Scheinstreben einzusehen, die Gefangenschaft des göttlichen Saatkorns zu erkennen und in vollkommener Ichübergabe den Rückweg der Seele in die Gottesordnung 'freizumauern'.

Diese Einsicht und Reife war den M a n i c h ä e r n gegeben.

"Die im Tale sind, sehen nicht das, was die andren auf dem Berge sehen"

Die Menschen sind in dieser Lebensschule mit dem unterschiedlichsten Erfahrungspotential zusammengewürfelt. Hervorgegangen aus verschiedenen Weltperioden, befinden sie sich, gleich den Klassen in einem Gymnasium, in einem unterschiedlichen Reifestadium. Die verschiedenartige Reaktion der Menschen auf die Universelle Christusstrahlung ist daraus zu erklären.

Unter der Leitung höherer Intelligenzen aus der Übernatur ist nunmehr das individuelle Selbstbewußtsein des Persönlichkeitsmenschen - als Intelligenzbasis für den in Selbstverantwortung zu gehenden Weg der Transfiguration! - auf unsrer Erde zur Entfaltung gekommen. Aus dieser geleiteten Entwicklung resultieren alle sogenannten positiven Erscheinungen unsrer abendländischen Kultur, aber auch alle negativen Erscheinungen des Materialismus und analytischen Denkens. Dem Beispiel des Zauberlehrlings folgend, konnte sich der Forschungsdrang zu experimentellem Mißbrauch der elementaren Schöpfungskräfte verselbständigen und - verantwortbarer Kontrolle entgleitend - unvorhersehbare Folgen für die Menschheit heraufbeschwören.

Da nun die alte Weltperiode des Fischezeitalters in die neue der Aquarius-Ära übergeht und die kosmischen Strahlungsverhältnisse sich grundlegend ändern, muß es sich jetzt erweisen, ob die Lektion in der Schule der Relativität gelernt ist und das 'Abitur', der 'Abgang' von der alten Schule, bereits vollzogen werden kann.

Werden die Wahnzustände von Diesseits und Jenseits in ihrem unentwegten Machtwechsel und Täuschungsmechanismus entlarvt? Werden die Gefangenschaft der Seele und die Sehnsucht nach wahrer Befreiung bewußt erfahren? Wenn diese Reife im kritischen 'Examen' erreicht ist, begreift der Mensch, daß jetzt - als tiefer Sinn der Erfahrungsschule - die Rückkehr der Seele zum Allein-Guten tatwirklich folgen muß.

An der Grenze der relativen Welt angelangt, wird der beharrliche Sucher zu den Toren einer Christlichen Mysterienschule geleitet. An dieser U n i v e r s i t ä t, an dieser wahren Schule des Geistes, beginnt der Mensch sein Studium mit dem ausschließlichen Ziel: Die Königliche K u n s t, die Göttliche W i s s e n s c h a f t und die Wahre R e l i g i o n (Wiedervereinigung mit Gott) in sich selbst zu ergründen und in der Dreieinheit der L i e b e mit neuem Handeln in sich selbst zu verwirklichen.

Dieser Weg wird jedem ernsthaften Schüler zu einem 'Kreuzweg': gerichtet auf die absolute Mitte, auf die 'Rose im Kreuz', werden die relativen Bewußtseinsebenen von Diesseits und Jenseits, die karmische Vergangenheit - ohne okkultes Training, ohne Meditationsübungen! - prozeßmäßig in der Christuskraft durchdrungen und streitlos überwunden.

Der Mensch, der zur 'Rose im Kreuz' zurückkehrt, wird jedoch im Allgemeinen von jenen nicht verstanden, die noch mitten im Erfahrungslehrgang und im Machtkampf der relativen Welt stecken, in verzweifelt *gutgemeintem Bemühen, doch noch ein kulturelles Paradies, zumindest ein stabiles Gleichgewicht der Gegensatzkräfte, zu erreichen.*

Gnostisches Streben erfuhr in der Vergangenheit immer Mißtrauen, Mißverstehen, Haß und Verfolgung. Auch die M a n i c h ä e r teilten mit andren gnostischen Bewegungen dieses Los. Doch über dem blutigen Triumph der Unwissenheit erhob sich ihre Seele jubelnd in die Sphären des Lebendigen Geistes.

"Und ich sah einen Neuen Himmel und eine Neue Erde"
(Joh.Off.21)

Welches sind die Eckpfeiler der fundamentalen Gottes-Erkenntnis, der G n o s i s, wie sie die Universelle Lehre aller Zeiten, wenn auch in kulturbedingtem, unterschiedlichen Sprachgewand, durch ihre Söhne den Jüngern verkündet?

1) Die absolute Gottesordnung durchdringt alles mit ihrem Licht. Das alles durchdringende Licht ist die Welt des Lebendigen Geistes, das Allein-Gute, die vollkommene Schöpfung aus dem zentralen Sonnen-Logos: C h r i s t u s.

Die materielle Welt der relativen Erscheinungen, mit ihrem zeitlich begrenzten Diesseits und Jenseits, ist dagegen eine unvollkommene Schöpfung, eine in sich gespaltene 'Notordnung', die dem Menschen als Erfahrungsschule dienen soll, aber nicht als Endziel an sich.
Diese zwei Naturordnungen stehen einander als fundamental verschiedene Seinszustände gegenüber: das Licht durchdringt die Finsternis, doch der Mangel an Bewußtsein verhindert diese Erkenntnis.

2) Im Herzen des Menschen liegt die göttliche Saat verborgen. Sie trägt viele Namen: 'Perle', 'Rose', 'Geistfunken', 'Juwel in der Lotosblüte', 'Samenkorn Jesu', 'Christus-Atom' und andere. Sie ist das einzige 'Organ', welches die Licht-Impulse aus dem Christusfeld empfangen und über das Blut dem Bewußtsein als Erkenntnis vermittelnde Kraft weitergeben kann.

Das Christus-Atom ist jedoch nicht aus der biologischen Natur des Menschen zu erklären oder zu beweisen. Es ist das letzte Rudiment aus der Gottesordnung und liegt, mit dem Herzen korrespondierend, als zentrales Lichtprinzip, gleichsam gefangen, in der Mitte des 'gefallenen Mikrokosmos'.

3) Der Mikrokosmos ist das kugelförmige Magnetfeld einer ursprünglich göttlichen Wesenheit, die aus verschiedenen Gründen aus der Gottesordnung herausgetreten ist. Ihrer ursprünglichen Strahlungsfülle beraubt, verkörpert sie den 'gefallenen Sohn', der sich in der Welt der Relativität nicht offenbaren kann.

Zahllose Mikrokosmen, 'Kinder Luzifers', haben sich im Lauf der Weltperioden mit dem von untenherauf entwickelten Tiermenschen, also mit unsrem Natur-Ich, verbunden, um einmal den Fluch des 'Sündenfalles' durch die Gnade der Rückkehr aufzuheben.

Der Mikrokosmos muß sich jedoch so lange im Rad der Inkarnationen mit einem immer wieder neuen Natur-Ich verbinden, bis endlich ein Persönlichkeitsmensch, durch die Erfahrungssumme aus vielen Leben gereift, die Impulse aus der Mitte des ihn umgebenden Mikrokosmos empfangen kann: es ist der Ruf der eingeschlossenen Seele, die wieder den ursprünglichen Gottessohn zur Offenbarung bringen will.

4) *Ohne die intelligente Mithilfe des Natur-Ichs bleibt also der Mikrokosmos gefangen. Der göttliche Rettungsplan gelangt erst dann zur Ausführung, wenn der Persönlichkeitsmensch reif ist, sich der Stimme des göttlichen Andren i n ihm vollkommen unterzuordnen und dem Befreiungsprozeß der Seele durch intelligente Selbstübergabe zu dienen.*

So wird der 'Alte Mensch', das Kraftfeld der Relativität, prozeßmäßig zu einem Existenzminimum abgebaut. Der 'Neue Mensch', die Schöpfung aus der Gottesordnung, der wahre C h r i s t, wird 'wiedergeboren'. Diese Neuschöpfung, hervorgegangen aus dem alchymischen Prozeß der Ich-Übergabe, diese Transfiguration, liegt dem göttlichen Rettungsplan als tiefster Sinn unsrer menschlichen Existenz zugrunde. Alles menschliche Streben mündet letztendlich in der gnadenvollen Erkenntnis, sich diesem Plan des Logos in Freiwilligkeit und Selbstverantwortung übergeben zu dürfen, um wieder in Wahrheit mit Gott vereinigt zu werden.

Durch die göttliche Alchemie wird das Gold der Geist-Seele frei. Der 'Neue Himmel und die Neue Erde' des Mikrokosmos werden in den Christuskräften entflammt. Die Rückkehr des Verlorenen Sohnes zum Vater kann sich verwirklichen. Die wahre Gottes-Erkenntnis wird lebendig.

Auf diesen Eckpfeilern der Universellen Lehre gründet auch die M a n i c h ä i s c h e Gnosis.

M a n i

Im Licht des Vorangegangenen werden wir uns M a n i und den P e r l e n l i e d e r n mit tieferem Verständnis nähern.

'mani' bedeutet im Indischen 'Lichtperle'.

'manas' - 'manu': der Denker, der Schöpferische, der wahre Mensch.

Bei Rudolf Steiner finden wir über M a n i folgende Aussage:

"M a n i ist eine hohe Individualität, die immer auf der Erde verkörpert ist als leitender Geist derer, die zur Bekehrung zum Göttlichen wirken. Mani versammelte wenige Jahrhunderte nach der Christus-Erscheinung auf Erden den wiederverkörperten Skythianus, den physischen Abglanz des damals wiedererschienenen Buddha und den wiederverkörperten Zarathustra, um alle Weisheit der Bodhisattvas der nachatlantischen Zeit in die Zukunft der Menschen einfließen zu lassen. Sie wurden die Lehrer in den R o s e n k r e u z e r-Schulen."

12

Als ein Apostel von Jesus, dem im Christusgeist Vollendeten, dient M a n i dem Geist der Wahrheit und gibt davon Zeugnis als ein P a r a k l e t, als ein Geist des Trostes.

Hinter der historischen Persönlichkeit Manis, die 215-276 n.Chr. in Persien auftrat, verbirgt sich ein Abgesandter aus der Gottesnatur, der, dem Plan des Logos folgend, den Versuch unternahm, die Gottes-Erkenntnis der großen Religionen des Ostens, wie sie sich in der Ägyptischen Urgnosis des Hermes Trismegistos, im Zend-Avesta des Zarathustra, in der Bhagavadgita, in den Upanishaden, in der Lehre des Buddha oder auch bei Laotse offenbaren, in ein Universelles, aus der e i n e n Gnosis hervorströmendes Christentum einmünden zu lassen.

In den Herzen der Mysterienschüler erweckte Mani das Saatkorn zu reiner Gottes-Erkenntnis und Liebe, die nichts anderes ersehnen, als die Welt der Unbewußtheit, die 'Hylä', mit der allumfassenden Wahrheit der Lichtordnung zu durchdringen und zu überwinden.

Die Frohe Botschaft von der Wiedergeburt aus Wasser und Geist, die Jesus in Vollkommenheit den Menschen vorgelebt hatte, und die bereits im 3. Jhdt. n.Chr. zu einem historischen Machtfaktor der Jenseits-Hierarchien umgebogen war und imitiert wurde, sollte von allen dogmatischen Versteinerungen und Irrtümern befreit, erneut die Herzen der Menschen entflammen und ihnen den wahren Befreiungsweg der Seele weisen.

Reines, gnostisches Streben war jedoch zu allen Zeiten Öl ins Feuer jener Instanzen, die ihren Machteinfluß auf die Menschheit bedroht sahen. Daher wurde auch immer pseudognostisches Streben, das sich in okkulten oder mystischen Spekulationen verlor und naturmagisch wirkte, als äußerer Vorwand genommen, um den Geist der Wahrheit zu kreuzigen.

Der von der Christushierarchie ausgehende, durch Mani unternommene Versuch, wurde daher von den Mächten der Jenseits-Hierarchien mit den altbewährten Methoden der Verleumdung, Angsterzeugung und Verketzerung zum Scheitern gebracht.

Was im Osten die Magier durch die Fürsten vollstreckten, erledigte in Nordafrike und im Laufe der Jahrhunderte in vielen Teilen Europas, unter Leitung des Kirchengewaltigen Augustinus, die Römische Kirche.

Die P e r l e n l i e d e r

Die Kraft, die diesen Liedern der Seele innewohnt, schöpft aus dem Bronn des Allein-Guten und weist, unabhängig von den verwendeten Bildern und Symbolen, über alle zeiträumliche Erscheinung hinaus.

Mit einigen Ausnahmen gehen alle Texte aus dem inneren Kreis der Manichäischen Mysterienschule, der 'ekklesia', oder aus Mani selbst hervor. Doch ausnahmslos vermitteln sie die e i n e Wahrheit der Universellen Gnosis:

Gott ist Licht und Liebe, Weisheit, Kraft und Leben.

Dieses Axiom stellten die Manichäer zentral in ihr Leben, um es mit der lebendigen Tat in sich selbst zu verwirklichen. Die wahre Nachfolge Christi ersehnend, verlangten sie e i n s zu werden mit dem göttlichen Axiom und nahmen Abschied von allem, was ihm verdunkelnd entgegenwirkt.

Die Werte der Ich-Natur mit ihren Begierden wurden in Frage gestellt. Sie wurden nicht länger in Scheinliebe umarmt, aber auch nicht weltfeindlich verurteilt oder von sich gestoßen.

Die 'Dämonen-Kräfte' der unreinen Gedanken und Gefühle wurden als Faktor der Unbewußtheit, der Finsternis, entlarvt und – mitten in der Welt – streitlos überwunden.

Das 'Licht-Kreuz', welches sie im Makrokosmos als alles durchdringende Geist-Sonne verehrten, erlebten sie im Mikrokosmos als ein Urbild der innereigenen, ursprünglichen Seele.

Sie bemühten sich, dieses Licht-Kreuz nicht durch unreines Denken, Fühlen oder Handeln zu verletzen, sondern es durch die überwindende Seele wieder zur Offenbarung zu bringen.

Im Gegensatz zu heute lag im 3. Jhdt. n.Chr. der Schwerpunkt allen seelischen Ringens in der Welt der Begierden. Beim heute voll entwickelten, individuellen Selbstbewußtsein ist es die Welt der Gedanken, die der Seele mit Eigenwilligkeit und analytischem Zergliedern, mit Zweifeln, Vorurteilen und Kritik als der egozentrische Hauptfeind gegenübersteht.

Diese Unterschiede im Erleben inneren Ringens, die von Volk zu Volk, von Jahrhundert zu Jahrhundert, sich wandeln, erklären die unterschiedlichen Bilder und Symbole in der Weisheitssprache aller Zeiten.

Die tiefe Verehrung, welche die Manichäer M a n i entgegenbrachten, gründete in der Erkenntnis, daß hinter der vergänglichen Erscheinung ein Lichtsohn zu ihnen herabgestiegen war, der wie alle Gottessöhne aus dem E i n e n hervorgeht, konzentrisch mit dem E i n e n verbunden ist und von Ihm zeugt.

So geben auch die Manichäischen Hymnen, Gebete und Weisungen, die wir Perlenlieder nennen, Zeugnis von dem e i n e n, ewigen Wort, das Licht und Liebe, Weisheit, Kraft und Leben ist.

Wie durch ein Wunder wurde in diesem Jahrhundert ein Teil der Manichäischen Papyri, teils in Turfan, Chinesisch Turkestan, um 1900, teils in Medînet Mâdi, Ägypten, um 1930, dort in fast unkenntlichem Zustand, wieder aufgefunden. Die Restaurierung letzterer bedurfte unvorstellbarer Sorgfalt und Sachkenntnis, um eine erste, mühsame Übersetzung aus dem Original zu ermöglichen.

Die Theologische Wissenschaft hat diese Schriften seitdem einer eingehenden Forschung für würdig befunden. Jeder Mühe, die im Sinne einer Wiederherstellung, Übersetzung und Veröffentlichung Manichäischen Schrifttums wirkte, sind wir zu Dank verpflichtet.

Die vorliegende Auswahl umfaßt zum größten Teil Texte aus dem Manichaean Psalmbook, welches wir, unter Vorlage des griechisch-koptischen Originals und der englischen Übersetzung, in wachsendem Wiedererkennen und großer Freude ins Deutsche übertragen durften.

Wir haben versucht, diese Texte ihrem Inhalt entsprechend in der Reihenfolge: Lobpreisung - Erkenntnis/Weisung - Anrufung/Übergabe-Überwindung; Thomas-Psalmen; - zusammenzustellen.

Zum andren wählten wir das Große Preislied Jesu I/II aus der Chinesischen Hymnenrolle, zwei parthische Hymnen, einige Texte aus der Kephalaia, das Proömium als einziges Fragment aus Manis Evangelium, Manis letztes Gebet und das 'Lied von der Perle' aus den Thomas-Akten, das, ebenso wie das Gebet der Bogumilen, unverkennbar mit der Gnosis der Manichäer eng verwandt ist.

Wir haben uns bei der Übersetzung, trotz vieler Textlücken, bemüht, die eindeutige Aussage der jeweiligen Texte in Rundheit herauszustellen. Auf die häufigen Wiederholungen, die eigentlich eine Intensivierung des Inhalts bewirkten, haben wir der modernen Lesart zuliebe verzichtet.

Abschließend noch einige Worterklärungen:

'Urmensch': der ursprüngliche, göttliche Mensch.

'Licht-Äon': eine mächtige Konzentration von Lichtwesenheiten;

'ekklesia': die Gemeinschaft derer, die durch das läuternde Feuer der Selbstübergabe hindurchgeschritten sind und dem Geist der Wahrheit priesterlich dienen dürfen ('ekklesia' kann also nicht mit 'church', 'Kirche' übersetzt werden);

'bema': dies unübersetzt gebliebene Wort haben wir mit 'Thron' übersetzt, da es, ebenso wie der 'Heilige Gral', ein Symbol darstellt für das reinste Gefäß der göttlichen Seele, die wie ein Kelch, ein Thron, eine Mondsichel (siehe auch das Symbol des Ringes auf der Titelseite) die geistige Sonne umschließt, als Urprinzip des ewig Empfangenden und Schöpferischen.

*

Möge das Ich mit seinen Zweifeln, Vorurteilen und seiner Kritik zum Schweigen gelangen.

Möge sich das Tor der Stille in uns weit öffnen.

Die innereigene Stimme der Ewigen Perle kann dann zu uns dringen.

Und das Wort aus der Wahrheit werden wir verstehen, o h n e es beweisen zu müssen.

Einfach aus sich selbst.

Der Lebendige Geist
holt den Urmenschen
aus dem Kampf herauf
wie eine P e r l e,
die aus dem Meer heraufgeholt wird.

Proömium aus dem Lebendigen Evangelium Manis

ch, M a n i, Apostel Jesu Christi nach dem Willen Gottes,
des Vaters der Wahrheit, von dem ich stamme,
der lebt und währt in alle Ewigkeit,
da Er vor allem war und nach allem sein wird.
Alles, was geworden ist und werden wird,
besteht durch Seine Kraft.
Von Ihm stamme ich.
Aus Seinem Willen bin ich.
Von Ihm wurde mir alle Wahrheit geoffenbart.
Und so bin ich aus Seiner Wahrheit.

Diese Wahrheit tat ich meinen Weggefährten kund.
Frieden verkündigte ich den Kindern des Friedens.
Hoffnung predigte ich dem unsterblichen Geschlecht.
Ich traf eine Auswahl und wies den Pfad zur Höhe jenen,
die in dieser Wahrheit aufzusteigen vermögen.

Dieses unsterbliche Evangelium schrieb ich nieder
und legte hinein die besonders hervorragenden Mysterien.
Große Werke tat ich in ihm kund
und die erhabensten Zeichen kraftvoller Geschehnisse.

Was Gott mir offenbarte, legte ich dar jenen,
die sich nach Wahrheit sehnen.
Ich gab ihnen Zeugnis von der wahren Schauung
und herrlichsten Offenbarung, die mir zuteil wurde.

uhm und Ehre *M a n i* und seinen heiligen Erwählten.
Sieg der unbefleckten, gnadenvollen Seele.

Wir bitten Dich, Vater, der Du am höchsten thronst und
Dein Licht offenbarst, vergib uns unsere Absonderung.

Land des Lichtes, Quelle aller Herrlichkeit,
breite Deine Gnade über uns aus.

Ihr zwölf Mächte, unermeßliche Äonen, die Ihr nicht schwindet
noch weniger werdet,
Ihr seid der Ruhmeskranz vom Vater der Lichter.

Morgendämmerung, an der die Götter sich erfreuen,
Äther unsrer gesegneten Stadt, die offenbar geworden ist.

Blüten unverwelkbarer Schönheit,
hervorgekommen aus der Wurzel des Allerhöchsten,
sie werden geehrt als Kinder Gottes vom Land des Lichtes.

Du, ewige Mutter, Lebenschenkende, erste Liebe Gottes,
Du kamst und zerstörtest die Macht des Widersachers.

Du, unser Vater, stark in vielfacher Tatkraft,
Urmensch voll der Herrlichkeit,
Du unterwarfst die Rebellen mit Deiner Macht.

Du, Geliebter der Lichter, der Du die Krone trägst...
zur Rettung... der ganzen Erde... Sieg...

ich, oh Selbst, wollen wir preisen, unsrer Seele Leben.
Dich wollen wir lobpreisen, Jesu Messias.
Erbarmender Lebenschenker, sieh auf mich.

Würdig bist du der Verehrung, erlöstes Licht-Ich.
Heil Dir, wahres Selbst.
Und auch über uns sei Dein Heil.

Gekommen bist du mit Heil, Licht-Ich der Götter,
das im Finstern strahlt.

Verherrlicht, ihr Söhne der Wahrheit, dieses Licht-Ich,
das unser Leben ist.

Gekommen bist Du mit Heil, Du würdiges Selbst,
befreit von aller Fessel.

ingt alle zum Glorienvollen, dem weisen Paraklet.
Der Geist der Morgenröte,
    die Götter und Vater-Götter des Lichtes,
die glorienvollen Lenker des unzerstörbaren Königreiches,
sie alle und ihre fünf Größen, sie beten in Freude.
Sie geben Ruhm dem Lichtspender, dem weisen Paraklet.

Die unvergänglichen Äonen, die heiligen Emanationen
der Mutter des Lebens, der ursprüngliche Mensch,
der herrlich Erstgeborene,
die fünf Elemente, wirksam und stark,
sie geben Ruhm dem weisen Paraklet.

Die Geliebten der Lichter,
das aufrecht leuchtende Wort,
der große Baumeister, der den Neuen Äon erbaut,
der starke Lichtspender, der Vater des Lebens,
sie geben Ruhm dem Gesegneten, dem weisen Paraklet.

Der dreifache Vater, der siegreiche
und die zwölf weisen Mägde des Lichtes,
die Lenker und Wächter und Steuermänner,
sie alle geben Ruhm dem Herrlichen, dem weisen Paraklet.

Die Säule der Herrlichkeit,
die Mächte der Urbildträger,
die Engel und die drei Räder von Wind, Wasser und Feuer,
sie alle geben Ruhm dem Einzigen, dem weisen Paraklet.

Die leuchtende Sonne, der Mond und die Sterne,
die herrlichen Diener des Lichtes,
der gerechte Richter und die Licht-Vernunft,
sie alle geben Ruhm dem Weisen, dem Paraklet.

Die Erdkörper und die Himmelskörper,
das Heer der Sterne,
sie machen Musik mit Harfen und Lauten,
Ihn alle in Freude verehrend, den weisen Paraklet.

Die Berge der Erde, die Flüsse und alle Gewässer,
die vier kosmischen Körper,
die blühenden Bäume,
die duftenden Gärten und der Atem des Windes,
sie alle rühmen den Unvergänglichen, den weisen Paraklet.

Die Rasse der Gerechten, die Geistseelen der Weisen,
die Scharen der Apostel, die lebendigen Söhne Merkurs,
die Priester des Lichtes,
sie alle rühmen den Eroberer, den weisen Paraklet.

Singt mit den Engeln und segnet die Licht-Vernunft des Vaters,
die Sonne aller Sonnen,
seine starke, wirksame Macht und seine glorienvolle Weisheit.
Ihr Söhne der Freude, gebt Ruhm dem weisen Paraklet.

Laßt uns alle zusammen singen, singen zu M a n i,
dem Mann Gottes, am heiligen, vollkommenen Tag.
Laßt uns in Freude die Mysterien des Lebens erlernen
vom Erlöser J e s u s und laßt uns das Fest feiern
und Ruhm geben dem weisen Paraklet.

Entzündet eure Lampen, füllt Öl in eure Gefäße und haltet
Wache am Tag des Thrones für den Bräutigam der Freude.
Empfangt die Strahlen des Lichtes vom Guten Vater
und gebt Ruhm dem weisen Paraklet.

Wir, die wir zur Rasse der Lichtsöhne gezählt werden,
laßt uns M a n i unsere Blüten schenken.

Der geliebte Sohn, Jesus Christus,
legt Dir, Mani, voll Freude die Krone aufs Haupt.

Denn Sein Bauwerk, das geschändet worden war,
hast Du wieder aufgebaut.

Seinen Weg, der im Verborgenen war, hast Du beleuchtet.

Seine Lehre, die verdunkelt worden war,
hast Du wieder in Klarheit gebracht.

Seine verborgene Weisheit hast Du erklärt.

***

Wir sind Seine Geheiligten:
Alle, die das Wort hören und das Wort austragen.

Wer Ihm ein Loblied singt, gleicht dem, der einen Kranz windet.

Die in das Loblied miteinstimmen, gleichen jenen,
die R o s e n in Seine Hände legen.

Sieg dem Richter der Wahrheit und Seinem glorienvollen Thron.

Möge er uns allen gegeben sein,
den Glaubenden und den Erwählten.

as Unaussprechliche an Größe ist der Vater.
Das Unermeßliche an Dulden ist der Sohn.
Was uns das Leben offenbart, ist der Heilige Geist.

Ein Verborgenes von Ewigkeit an ist der Vater.
Ein Fremdling in dieser Welt ist der Sohn.
Der Pfad durch die Äonen ist der Heilige Geist.

Die Alles erkennende Intelligenz ist der Vater.
Das Wort, das in Erscheinung tritt, ist der Sohn.
Die stille Enthüllung der Mysterien ist der Heilige Geist.

Der Machthabende über das Universum ist der Vater.
Der dem Vater Gehorchende ist der Sohn.
Das Licht der Äonen ist der Heilige Geist.

Die Versiegelung des Mundes ist uns das Zeichen des Vaters.
Der Friede unsrer Hände ist uns das Zeichen des Sohnes.
Die Reinheit der Jungfräulichkeit ist uns das Zeichen
des Heiligen Geistes.

Die Geheiligte Liebe ist uns das Zeichen des Vaters.
Die Kenntnis der Weisheit ist uns das Siegel des Sohnes.
Die Erfüllung der Gebote ist uns das Siegel
des Heiligen Geistes.

Laßt uns unsren Mund versiegeln,
damit wir den Vater finden mögen.
Laßt uns unsere Hände versiegeln,
damit wir den Sohn finden mögen.
Laßt uns unsere Reinheit bewahren,
damit wir den Heiligen Geist finden mögen.

 ein Königreich kommt nicht in Worten, sondern in Kraft.
Kraft, die das Wort k l a r macht.

Diese Kraft spricht nur fünf Worte in meinem Herzen.
Doch Zehntausende werden es auf der Zunge und im Mund.

Fünf Bäume gibt es im Garten des Vaters.
Fünf Jungfrauen sind es, die mit Öl in den Lampen
hineingingen und Hochzeit hielten mit dem Bräutigam.
Fünf Gebote sind es, die der Vater jenen auferlegt,
die er in Seine Ekklesia erwählt.

Der Heilige Geist kommt in fünf Kräften.
Die Seele empfängt Ihn in fünf Organen.
Fünf Größen sind es, die von Beginn an herrschen.
Alle sind aus E i n e m Geist geworden.

E i n s ist der Gott,
der im Verborgenen ist,
der geoffenbart ist,
der zum Leben führt,
der ewig schweigend ist
und dennoch spricht.

*D*u machtest die Welt zu Deiner Harfe, Herr.
Ununterbrochen spielst Du darauf.

Welcher Maler könnte Dein makelloses Antlitz malen?

Welcher Adler könnte emporsteigen so wie D u?

Du springst vom Herzen auf die Zunge
und von der Zunge ins Herz der Lauschenden.

Welches Licht könnte sich mit Deiner Strahlung vergleichen?

Welcher Duft in der Welt käme Deinem köstlichen Aroma gleich?

Ich tauchte in die Tiefen des Abgrundes
und schwamm in die Breiten des Meeres,
um Deine Tiefe und Breite zu verstehen, Herr.

Doch wer ist imstande, DICH zu erfassen?
Die Wunder Deiner Schöpfung?
Dein Lichtkreuz?
Und wenn ich sage 'Deine Schöpfung' –
wer erschuf DICH, Herr?

Mein Bewußtsein ruht nicht, über Dein Mysterium nachzudenken.

König der Herrlichkeit,
der in den Abgründen des Weltenraumes die drei Räder
von Wind, Wasser und Lebendigem Feuer dreht,
die Waffenrüstung unseres Vaters, dem Ersten Manas.

Bildträger Gottes, der mit den Sohlen seiner Füße
alle Tiefen des Weltenraumes berührt
und in seinen Händen die Last der Schöpfung trägt.

Mond, der keinen Schlaf schmeckt.
Sonne, die alles Gereinigte emporzieht.
Siegel und Abbild des Vaters ewiger Freude und Sieg.

Jesus, Heiler der Verwundeten.
Erlöser der Lebenden Seelen.
Pfad der suchenden Wanderer.
Tor zum Schatz des Lebens.

Geliebte Tochter des Vaters, gesegnete Jungfrau des Lichtes,
die alle Mächte der Verweslichkeit durch ihre Schönheit beschämt.

. . .

hr Geheiligten, sorgt euch nicht,
so ihr in Einklang seid mit Mani,
unserem Vater, dem Paraklet.

Alle göttlichen Wesen ruhen konzentrisch ineinander,
ihr Himmelsmenschen.
So achtet darauf, daß ihr keinen Zweifel pflanzt
in euer Denken, sondern einzig Friede in eure Tat.

Ihr Geheiligten, die ihr dem Gesetz Gottes nahe seid,
achtet darauf,
in drei Dingen ruht Vollkommenheit:
Im Heiligen Gesetz,
in der Weisheit
und in der Liebe.

In diesen dreien sind alle Menschen, die aus Gott sind,
vollkommen.

Laßt uns in Einklang sein mit diesen Dingen.
Und wir werden leben in Besonnenheit und Frieden,
meine Brüder, sodaß der Feind in seiner Irrlehre
beschämt wird.
Denn seine Gewohnheit ist es,
den heiligen Menschen zu verleumden.

Laßt uns Trübsinn, das Siegel der Finsternis, vernichten.
Laßt uns Frohsinn, das Siegel Gottes, vor uns stellen.

Ein Nordwind, der in uns fährt, ist M a n i.

Daß wir mit Ihm die Anker lichten
und zum Land des Lichtes segeln mögen!

Laßt uns, meine Brüder, Öl in die Lampen geben,
ehe unser Herr eintritt.

Laßt uns nicht schlummern noch schlafen,
bis unser Herr uns hinübergebracht hat, –
den Kranz auf dem Haupt,
die Siegespalme in der Hand,
angetan das strahlende Gewand, –
und wir eintreten in Sein Brautgemach
und mit Ihm regieren, wir alle gemeinsam
und die Seele der glückseligen Maria.

*D*u bist die Quelle Lebendigen Wassers.

Die Mysterien des Vaters sind in Dir geoffenbart.

Du bist das Lichtkleid der Äonen, das Gewand der Ekklesia.

Du bist das Szepter des Königreichs,
worauf die Ekklesia sich stützt.

Du bist das Tor zum Land des Lichtes,
das die Ekklesia betritt.

Der Name des Vaters ist Deine Glorie.

Du bist die blühende Frucht vom unvergänglichen Baum.

Du bist die heilige Taube, die sich zu den Himmeln erhebt,
den dreigeteilten Anis-Zweig im Schnabel.

Gesegnet ist, wer Dich findet.

Glücklich ist, wer Dich erkennt.

Wer Dich erkennt und verwirklicht, wird den Tod nicht schmecken.

Er findet Ruhe in einem ewigen Leben.

Ruhm und Ehre Jesus, dem König der Geheiligten.

Mein Gott, Dich will ich verherrlichen,
der allen Menschen Ruhe gibt.

Ich will Dich verherrlichen, den Eckstein,
der verworfen wurde, mein Gott.

Ich will Dich verherrlichen, Eckstein,
unveränderlich, ewig sich gleich.
Unerschütterliches Fundament.
Lamm, gefesselt ans Kreuz der Natur.
Schatz, verborgen im Feld.

Jesus, Sohn des Morgentaus.
Milch aller Bäume.
Süße der Früchte.
Auge des Himmels.
Hüter aller Schätze.
Held, der das Universum trägt.
Freude alles Erschaffenen.
Friede der Welten.

Du bist ein Wunderbares, davon zu sprechen.
Du bist innen, Du bist außen.
Du bist oben, Du bist unten.
Du bist nah und fern.
Du bist verborgen und offenbar.
Du schweigest und doch sprichst Du.

Dein ist alle Glorie.

ir sind Dein Volk, die Schafe Deiner Herde.
Laß uns durchschreiten Deine Tore und vor Dir erscheinen.

Wer suchte, fand.
Wer bat, dem wurde gegeben.
Wer anklopfte, dem tat sich auf die Tür.

Kommt herein, Brüder, durch die enge Pforte
und laßt uns froh werden am Wort der Wahrheit.

Denn die Welt ist in die Irre gegangen.
Viele suchten die Tür; doch sie tat sich ihnen nicht auf.
Gott suchend, fanden sie nicht, was Gott i s t.
Denn Gott ist ihr Bauch.
Ihr Ruhm ist ihre Scham.
Sie wurden Löwen am Tag durch das verzehrende Feuer.
Sie wurden Wölfe bei Nacht durch die Begierde.

Wer dieses Feuer überwindet, wird zur Sonne am Tag.
Wer die Begierde überwindet, wird zum Mond bei Nacht.
Sonne und Mond der Seele überwinden das Heiße
und das Kalte, den Somme und den Winter.

Die heilige Ekklesia wird sie auch überwinden,
das Feuer und die Begierde, den löwenköpfigen Drachen.

Die Vollkommenen werden die Sonne bei Tag sein.
Die Gläubigen werden der Mond bei Nacht sein.

Das Lebendige Königreich wird wieder offenbar:
Die Liebe Gottes, die weiße Taube.

Mit einer Taube wird verglichen der Heilige Geist.
Mit einer Schlange der unheilvolle Geist.

Taube und Schlange sind einander feind.
Die Taube lebt nicht im Schlamm.

Der reine Geist weist irdisches Gold und Silber von sich.
Doch der unreine Geist begehrt diese Metalle.

Siehe, die Armut ist zur Demut gekommen
und hat einen großen Namen empfangen:
Sie wird "Heilige Armut" genannt.

Armut und Demut haben einen großen Namen empfangen:
Sie wurden zum göttlichen Reichtum.

So laßt uns demütig sein, meine Brüder,
und die Armut lieben.
Laßt uns arm sein dem Körper nach, doch reich im Geist.

Laßt uns jenen Armen gleich sein, die viele reich machen:
da sie - nichts ihren Besitz nennend - Macht haben über Alles.

Was sollten wir mit irdischem Gold und Silber beginnen?

Laßt uns Gott lieben.
Sein Licht ist die Macht.
I h n zu kennen, ist Weisheit.

eht, der Große Heiler ist gekommen!
Er weiß alle Menschen zu heilen.
Er hat seinen Arzneischatz ausgebreitet und ruft:

"Wer es wünscht, werde geheilt!"

Seht all die Heilungen an:
Es gibt keine wahre Heilung, es sei denn durch Ihn.
Er stößt keinen Kranken zurück.
Er macht sich über keinen Verwundeten lustig.
Geschickt ist Er in Seiner Arbeit.
Die Worte aus Seinem Mund sind sanft.
Er weiß Wunden zu schneiden
und ein kühlendes Mittel aufzulegen.
Er beschneidet und reinigt.
Er brennt aus und lindert am gleichen Tag.

Seht, Seine Sanftmut ließ jeden von uns
die eigene Krankheit erkennen.
Laßt uns unsere Krankheit vor Ihm nicht verbergen.
Laßt den krebs nicht in den Gliedern stecken,
damit er nicht das schöne und mächtige Bildnis
vom Neuen Menschen in uns zerstöre.

Möge Er uns Heilung gewähren,
die alle Verwundungen heilt!

Möge Er hinwegnehmen unsere Vergehen,
die Narben, die unsrer Seele eingebrannt sind!
...

u mächtiges Licht, Jesus, entflamme mich!
Krone aller Äonen.
Blüte der Licht-Mutter.
Pfeil des Bogenschützen.
Lampe der Liebenden.
Feste Ordnung der Bauleute.
Stärke des Lenkers.
Macht seiner fünf Söhne.

Strahlenglanz der Schönheit.
Zwillingsbruder der Vollkommenheit.
Vertrauter der Weisheit.
Vater des lichten Denkens.
Fundament der Ekklesia.
Fracht der heiligen Schiffe.
Konzentriertes Bewußtsein.

Lichtgebende Vernunft.
Vollkommener Gedanke.
Göttlicher Ratschluß.
Gesegnete Intuition.
Liebe der Geliebten.
Glaube der Gläubigen.
Vollkommenheit der Vollkommenen.

Geduld des Ausdauernden.
Weisheit des Weisen.
Gnosis des Lichtbringers.
Treppe zum Licht.
Schatztruhe des Guten.
Arche der Rettung.
Erbarmen dem Erbarmungswürdigen.

Dein ist alle Glorie.

eist des Lichtes, komm und trage mich,
bis ich vorgetragen habe das Lied vom Menschensohn.

Laßt uns Musik machen, ihr Söhne des Parakleten,
um Deine Weisheit zu verherrlichen.

Du bist das zweischneidige Schwert, um die bittere
Wurzel abzuhauen.
Du bist die Waffe, die in der Hand der Reinheit
den Feind niederstößt.

Du bist das Schiff des Urkriegers, womit die aufständischen
Räuber gefangen werden.

Du bist die Waffe des Urhelden, um sie dem Widersacher
entgegenzuschwingen.

Du bist das Auge der Lichtfülle, das überfließt,
bis es die Augen alles Bösen geschlossen hat.

*

Siehe, der Vollkommene Mensch steht ausgestreckt
in der Mitte des Kosmos, damit du in Ihm wandeln
und deine Krone empfangen mögest.

Siehe, die fünf geheiligten Glieder sind ausgebreitet über
die Welt, damit dein Herz nicht länger leiden
und du die Last von dir werfen mögest.

Siehe, der Gerechte wird dich erleuchten.
Der Arzneischatz des Heilers wird deine Wunden heilen.
Die Gnosis der Weisheit wird ihre Kleider auf dich legen.

Gehe daher in Freude zum Land des Lichtes.

Spiel auf deiner Harfe, oh Seele!

Laßt uns Musik machen für die Geheiligten.

Gott. Mein Gott.

Gut ist es, sie zu lieben im Innern, dem Mikro-Kosmos:
Jesus, die Magd und die Göttliche Vernunft.

Gut ist es, sie zu ehren im Makro-Kosmos:
Vater, Sohn und Heiliger Geist.

Laßt uns mit nimmermüdem Herzen singen für die Geheiligten.

Gottmensch, du hast den rechten Pfad erwählt.
Falle nicht. Die Gotteskräfte haben dich lieb.

Du wurdest gerufen.
Laß nicht nach, zu lauschen.

Schaue nicht mehr zurück:
So wird dir die Vergangenheit nicht angerechnet.

Strecke dich nach vorn:
Und Gott wird sich dir zuwenden.

Wenn du in deiner Mühe nachläßt, wirst du leiden müssen.
Binde dem Unreinen Hände und Füße
und wirf es in die Dunkelheit.

Schön ist eine gurrende Taube, umgeben von ihren Kindern.

Gut ist ein Hirte, der seiner Herde Weide gibt.

Der Geist der Wahrheit kam
und trennte uns los vom Wahn der Welt.
Er brachte uns einen Spiegel.
Hineinblickend erschauen wir darin das Universum.
Er zeigt uns, daß es zwei Naturordnungen gibt:
Die Ordnung des Lichtes und – die Ordnung der Dunkelheit.
Die Lichtordnung durchdringt die Dunkelordnung.
Gleichwohl ist die dunkle von der lichten seit Anfang an getrennt.

Das Königreich des Lichtes besteht in fünf großen Ansichten.
Darin lebt der Vater mit seinen zwölf Äonen
und dem Äon aller Äonen, dem Dreizehnten.
Das ist der Lebendige Äther, das Land des Lichtes.
Der Urgeist atmet in allen und ernährt sie mit seinem Licht.

Das Königreich der Dunkelheit besteht ebenfalls aus fünf Bereichen.
Sie verwahren Rauch, dunkle Feuerglut, Sturm, trübes Wasser
und Finsternis.
Der Herrscher, der in ihnen herumkriecht, belebt sie
und hetzt sie auf, gegeneinander Krieg zu machen.

Als diese in ihrem Wahn einen Anschlag wagten auf das Land
des Lichtes, wußten sie nicht,
daß dies auf ihr eigenes Haupt zurückfallen würde.
Denn es gibt eine Vielheit von Engeln im Land des Lichtes,
welche die Macht haben, daraus hervorzugehen,
um den Feind des Vaters zu unterwerfen.

Voll Freude war der Vater, daß durch sein ausgesandtes Wort
die überheblichen Rebellen zu unterwerfen waren.
Es erging ihm wie einem Hirten, der einen Löwen herankommen
sieht, um seine Schafherde zu vernichten:
Klug gibt er ein Lamm als Köder preis, damit der Löwe es

fange. Und so rettet er durch ein einziges Lamm die ganze
Schafherde. Danach heilt er auch das vom Löwen verwundete
Lamm.
So ist auch die Art des Vaters, der seinen starken Sohn schickt:
Jener bringt aus sich die Licht-Seele hervor, die mit fünf Kräften
versehen, gegen die fünf Abgründe der Finsternis kämpft.
Der Wächter an den Grenzen des Lichtlandes zeigt ihnen die
'reine Magd', seine Seele. Da geraten sie in ihren Abgründen
in Aufruhr und mit offenem Rachen wollen sie die Seele ver-
schlingen. Doch der Sohn hält die Zügel der Seele fest in der
Hand. Er breitet sie über sie aus wie ein Netz über Fische.
Er läßt sie wie Wolken gereinigten Wassers auf die Abgründe
herabregnen. Wie einen jähen Blitz wirft er die Seele unter
sie. Sie kriecht in deren Eingeweide und fesselt alle.
Jene aber wissen es nicht.

Als der 'Erste Manas', der Urmensch, seinen Kampf gekämpft
hatte, entsandte der Vater seinen zweiten Sohn. Jener half
seinem Bruder aus dem Abgrund empor. Er brachte diese Welt,
deren Finsternis nun mit Licht vermischt war, in eine Ordnung.
Innerhalb von zehn Ätherschichten und acht Erdschichten ver-
teilte er die Kräfte des Abgrundes. Er schloß sie ein in diese
Welt und machte daraus ein Gefängnis für alle Mächte der
Finsternis. Doch ist sie gleichzeitig ein Ort der Reinigung für
die Seele, der 'Magd', die darin aufgesogen war.
Er erschuf Sonne und Mond und setzte sie in die Höhe, um
damit die Seele zu reinigen.
Täglich ziehen Sonne und Mond das gereinigte Element empor.
Den Bodensatz spucken sie aus.
Die noch vermischten Teile befördern sie auf und ab im Kreis.
Diese Welt dauert ein bestimmtes Zeitalter.
Außerhalb dieser Welt wird jedoch ein großes Bauwerk errichtet.

*Sobald die Baumeister ihr Bauwerk vollendet haben, wird diese
ganze Welt aufgelöst und in Brand gesteckt und vom Feuer
hinweggeschmolzen werden.*

*Der Vater wird alles Leben, wo auch immer es sich in den
Überresten des Lichtes befinden möge, einsammeln und davon
sein Abbild schaffen.*

*Auch der Fürst des Todes, die Macht der Finsternis, wird das
ihr Gleichartige sammeln und ein Abbild von sich selbst und
den Archonten hervorbringen.*

*In einem bestimmten Augenblick wird der Lebendige Geist her-
niederfahren und den versammelten Licht-Seelen gemeinsam emporhelfen.*
*Die Mächte der Finsternis wird er einschließen in den Bereich,
der dafür geschaffen wurde, damit sie für immer im Klumpen
gebunden liegen. Es gibt kein anderes Mittel, den Feind zu
binden. Denn da die Finsternis dem Licht wesensfremd ist,
kann sie vom Licht nicht aufgenommen werden.*

*Anstelle der sich auflösenden materiellen Welt wird ein Neuer
Äon errichtet sein, in welchem die Kräfte des Lichtes vor-
herrschen können. Denn sie erfüllen den Willen des Vaters vollkommen. Sie unterwerfen die Macht der Bosheit und erringen
den Sieg.*

*Dies ist das Wissen von M a n i. Laßt uns ihn ehren und segnen.
Gesegnet jeder, der ihm Vertrauen schenkt.
Denn er wird leben mit den Gerechten.
Glorie und Sieg dem Geist der Wahrheit, der aus dem Vater
hervorkommt und uns offenbart Anfang, Mitte und Ende.*

Oh Seele, erkenne das große Zeichen,
das Symbol für die Erlösung von all deinen Sünden.

Dieser sichtbare Thron, 'B e m a', wurde durch den
Logos vor dich gestellt, um durch das sichtbare Siegel die
Erinnerung an das verborgene Gericht in dich zu säen,
welches du vergessen hast, seitdem du das Wasser
des Wahnes getrunken hast, oh Seele.

So ist die Gnade des Freudentages zu dir gekommen.
Werde dir noch heute ohne Furcht all deiner Sünden bewußt.
Denke an das Ende und bereite dich gut vor in deiner Arbeit.
Der Thron der Weisheit - 'B e m a' - steht dir in Aussicht.

Paulus, der ruhmvolle, zeugt davon, wenn er spricht:
"Es gibt kein Ansehen der Person vor dem Thron Christi:
ob wir wollen oder nicht, wir werden vor dem Gericht stehen."

Dies ist es, was der Thron stillschweigend fordert:

Werde Herrscher über alle Begierden und über die Kräfte
der Bosheit, Trägheit, Lust und Unlust.
Werde Herrscher über die unreinen Gedanken und über
alle Kräfte von Zorn, Neid, Habgier und Mißtrauen.
Löse dich noch heute von allen Ängsten, Bitterkeit und Trübsinn.

Möge das Urteil dich in der Bewahrung dieser Gebote finden
und möge es dir Ehre und wahres Leben schenken.
Vollkommene Vergebung werde dir gewährt.
Komm also und betritt diese heiligen Stufen.

Möge dir der Thron zum Landeziel deiner Tage werden,
zum Läuterungsort deines Lebens,

zur Schatztruhe, gefüllt mit Unterweisung,
eine Stufenleiter zur Höhe, eine Waage für deine Taten.

Wenn du das Gleichnis dieser Dinge im 'B e m a' erkennst,
so sprich:
"Sei gesegnet, wunderbares Siegel des Logos,
wahrhaftiger Thron des großen Urteils,
Sitz des Vaters der Lichter,
der hoch erhaben ist über allen Irrtum,
Fundament und Ursprung wahren Sieges, voll an Weisheit."

Heil Dir, Thron der göttlichen Vernunft!
Alle Bäume, die in Dein Feuer tauchen, sind neu geworden!
Die Rosen (der Seele) haben ihre Schönheit weithin ausgebreitet:
Denn gelöst sind die Fesseln, die ihren Blättern Weh bereiteten.
Der Äther ist voll Licht, die Sphären freuen sich Deines Sieges.
Die Erde bringt Dir zur Verherrlichung Blüten hervor.
Die Wogen des Meeres liegen still:
Denn vorbeigegangen ist der finstere Winter mit all seiner Not.

So laßt auch uns allem Bösen entrinnen!
Vergib Du ihnen, die Dein Mysterium kennen, da ihnen enthüllt
wurde das Wissen um das Geheimnis des Allerhöchsten
durch die Heilige Weisheit: Das Wissen um das Geheimnis
der Heiligen Ekklesia des Parakleten, unserem Vater.

Schenke Du uns den freudevollen Schatz des Heiligen Geistes.
Wasche uns im Feuer Seiner Glorie.
Benetze uns mit dem Licht Seiner Tropfen.

Glorie Dir, unserem Vater, M a n i.
Durch Dich empfangen wir die Botschaft vom Wahren Leben.
Glorie Deinem Thron, der in alle Ewigkeit Seinen Glanz ausstrahlt.

Strahlendes Licht, G n o s i s, Du bist gekommen.
Wir, die Kinder des Parakleten, unseres Herrn M a n i,
wir rufen Dich an.
Wir wollen heute ein Fest für Dich halten.
Wir haben unser Herz gereinigt, Thron der Gnosis.
Heiliges Gleichnis, das den überwältigt, der sich Dir nähert.
Wir segnen Dich, glorienvoller Thron, Siegel der Weisheit.
Wir verehren Deine Größe und Deine unerschöpflichen Mysterien.
Du bist die gesegnete Wurzel.
Du bist die Stärke der Lichter.
Du bist das Geschenk des Äthers.
Du bist die Offenbarung des Licht-Sieges.

Wir schauen Dich, Du gesegnetes Wort,
das in jedem einzelnen Herzen liegt.
Wir blicken zu dir auf, dem Heiligen,
dem in Wahrheit und Tat vollkommen Neuen.
Du bist des Neuen Jahres Freudentag, die Stunde der Beglückung.
Du bist das Heilmittel für unsere Wunden.
Du vernichtest das Böse und setzt einen Kranz auf das Göttliche.
Du filterst das Licht aus der Dunkelheit.
Du gibst den Seelenmenschen Ruhe.
Du bist der Thron der göttlichen Richter,
die die zwei Naturordnungen zu trennen wissen.
Du bist das vollkommene Mitleid.
Du bist der Schutzwall der Heiligen.
Du bist der Überwinder des Bösen
und der Überbringer des Sieges an das Gute.
Du bist die Heilige Wahrheit.

Glorie sei Dir, Thron der Gerechtigkeit.

aßt uns täglich zusammenkommen
und den königlichen Kranz winden.
Laßt uns Gold und Silber erschaffen.
Laßt uns Stein auf Stein fügen.
Reine Worte – die Steine –, laßt sie uns sammeln und ordnen.
Strahlende Lilien und Rosen, laßt sie uns aneinanderbinden.

Heilige Herzen, heilige Häupter,
laßt sie uns zu e i n e r Ekklesia fügen.

Ein n e u e r König kommt,
so laßt uns auch ein n e u e s Haus bauen.

Siehe, die Weisheit ist am Erblühen:
Wo ist da ein Ohr, das hören kann?

Wir haben den neuen Wein gefunden:
Wir brauchen dafür neue Schläuche.

Wir haben Saatkorn gesammelt:
Wo ist der Acker, es hineinzupflanzen?

Das Lebendige Feuer ist gekommen:
Wir brauchen Lampen, um sie daran zu entzünden.
Die weisen Jungfrauen, sie geben Öl in ihre Lampen.

Der Bräutigam ist gekommen:
Wo ist die Braut, die Ihm gleicht?

Die Braut ist die Ekklesia.
Der Bräutigam ist der Geist des Lichtes.

Meine Brüder, laßt uns unser Selbst reinigen von allem
Unrat; denn wir wissen nicht die Stunde,
wann der Bräutigam uns aufrufen wird.

Möge Er kommen und uns rufen.
Möge unser Herz uns rechtfertigen,
um den Geliebten zu empfangen,
der gekommen ist, um die ganze Welt zu richten.

Mögen wir gerechnet werden zu Seiner Rechten
und das Königreich ererben.

Das Königreich, es ist Freude – Friede – Leben.

Was sollen wir nun mit der Welt tun?

Erhebt euch!
Laßt uns gehen zu unserem Neuen Äon!

Laßt uns ererben unsere Lichtkronen, die nimmer zerfallen.

Laßt uns winden die strahlenden Kränze, die nimmer verwelken.

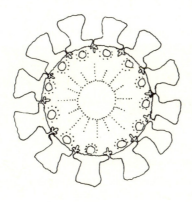

ühme nichts in dieser Welt.
Denn hier gibt es nichts zu rühmen.

Der Ort des Ruhmes ist der Lichtträger.
Der Ort der Freude ist der Vollkommene Mensch.

Entzündet eure Lampen.
Laßt uns eilends die Netze des Körpers auflösen,
damit der darin gebundene Neue Mensch befreit werde.

Weiche nicht zurück, noch verliere dein Herz, oh Mensch.

Viele Schiffe sind untergegangen,
ehe sie am Andren Ufer festgelegt hatten.

Zahlreiche Häuser sind eingestürzt,
ehe der Giebel erreicht war.

So kann es auch einer Seele geschehen, meine Brüder,
die zu kämpfen beginnt; doch dann überfällt sie der Sturm
und die Wogen erfassen sie.

Es gibt keinen, der im Kampf besteht,
wenn er sich nach beiden Seiten bindet.
Die Listigen und Berechnenden finden Gott niemals.

Wessen Herz ist wohl bereit, die Bürde mitzutragen,
die auf mir liegt?
Er soll wissen, sie ist nichtig doch süß.

Die Menschen sind gewohnt an die Dunkelheit.
Sie lieben die Last der Sünden.

Du aber, mein Gemüt, strebe eifrig nach Gott.
Weiche nimmer in Mir zurück.

arum, oh Seele,
vertrödelst du dein Leben mit Nichtigkeiten,
bis sie dich vor den Richter stellen?

Die Tage deines Lebens rennen dir davon!
Warum verschwendest du all deinen Eifer auf die Dinge der
Erde und setzest beiseite all die Dinge des Himmels?

Du hast dein Leben in Mühe und Sorgen verbracht,
verstrickt mit den Dingen dieser Welt,
durch Kummer und Trübsal dich hineinarbeitend in den Zerfall.

Ein Fremdling bist du hier,
wohnend in einem befleckten Körper aus Erde:
Wie lang schon gehst du achtlos in deinem unwissenden Tun?

Du plagtest dich immer nur,
um diesen Körper zu befriedigen.
Doch hast du versäumt, du armes Wesen, Sorge zu tragen,
auf welche Weise du errettet werden kannst.

Du hast gejammert und Tränen vergossen
um einen sterbenden Sohn oder Freund.
Doch der Gedanke an deinen eigenen Abschied
erreichte nicht dein Herz!

Blicke deshalb auf das, was vor dir verborgen ist!
Schaue von heute an voraus:
Siehe, der Pfad deiner Reise liegt vor dir!
Vergiß nicht deinen Abschied!

Stelle die Gottesfurcht in dein Herz
und du wirst leben frei von Not.

Erkenne die Süße des Göttlichen Heilmittels.
Nimm wahr, oh Seele, jeden Tag
die vierundzwanzig Fallstricke voller Tücken.

Wem es gelingt,
sich g a n z dem Retter hinzugeben,
den wird Er erlösen.

Hast du dich bereit gemacht, MICH zu lieben, –
so werde ich auf dich legen das herrliche Lichtgewand
und den Siegeskranz,
weil du an meine Wahrheit geglaubt hast.

Oh, wie oft bereut jener,
der den Fallstricken des Körpers erliegt!

Und wie sorgenfrei wird er,
sobald er Gutes tut
und die sieben Gnadengesetze erfüllt,
die Gott ihm gegeben hat,
um der Siebenmacht der Begierdennatur zu entkommen.

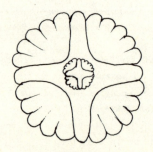

Oh Mensch, der du dir selbst Ehre geben willst,
laß fahren deine eigenen Früchte gegen die Früchte,
die vom Baum des Lebens hervorgebracht werden.

Oh Mensch, der du dein Leben lieb hast:
Liebe deinen Nächsten wie dich selbst.
Verurteile nicht deinen Bruder in dem,
was d i r unrecht erscheint.
Achte nicht auf den Splitter in seinem Auge,
solange du nicht den Balken aus dem eigenen gezogen hast.

Wer eines Arztes bedarf,
möge zum heilenden Licht gehen
und die brennende Medizin ertragen,
auf daß er das Licht schauen möge.
Der Heiler der Seelen ist das Geistige Licht.

Das Begierdenfeuer, das im Körper wohnt,
muß essen und trinken, was ihm gemäß ist.
Doch die Seele hungert und dürstet
immer nur nach dem Wort Gottes.

Gesegnet ist der Mensch,
der von seinem Herzen nicht verdammt wird.

ie Tore zum Licht sind weit geöffnet.
Wir dürfen kommen
und dieses Geschenk empfangen.

Der große Richter hat sich niedergelassen.
Laßt uns gemeinsam Ihn verherrlichen!
Sprecht: Heil, Neue Sonne,
die Du hervorgekommen bist mit Deinem Licht!
Heil Dir, Geist, der gekommen ist, uns zu retten!
Heil Dir, Mani, der uns unser Abgesondertsein vergibt!

Wir verehren die Schiffe des Lichtes,
die Dich zu uns herabtrugen.
Wir segnen Deine Lichtabkunft in Christus,
Urheber alles Göttlichen und Guten.

Ehre Deiner Weisheit,
die den Irrtum der sich abspaltenden Lehren besiegt.

Wir segnen die Engel, die Dich von Sphäre
zu Sphäre gebracht haben.
Wir achten hoch Dein Leiden,
das Du ertragen hast um Deiner Kinder willen.
Denn Du hast verlassen Deine Herrlichkeit
und hast Dich für die Seelen hingegeben.
Verschiedene Gestalten hast Du angenommen,
bis Du alle Rassen aufgesucht hattest.
Bis Du - aus ihrer Mitte - Deine Ekklesia,
Deine Geliebten gefunden und ausgewählt hattest.

Er hat uns den Kelch Lebendigen Wassers gebracht.

Wir haben fünf heilige Gewänder empfangen.

Wir haben Liebe und Weisheit gefunden.

Wo ist einer, der hungert nach dieser Liebe?

Wo ist einer, der dürstet nach dieser Weisheit?

Laßt uns vollbringen das Vollkommene
und unser Werk ans Andere Ufer schaffen.

Mit Ausdauer ertragen wir jede Arbeit, die uns ersteht.

Ich sah mich um in der ganzen Welt.
Ich fand keinen Hafen außer dem Deinen.

Ich fand keine Hoffnung außer die Deine.

Ich fand keine Ruhe außer die Deine.

Ich fand keine Glückseligkeit außer die Deine.

Möge sie bei uns bleiben für immer und ewig.

Glorie und Sieg unserem Parakleten, M a n i.
Rettung und Überwindung der Seele der gesegneten Maria.

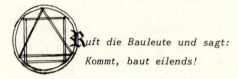

Ruft die Bauleute und sagt:
    Kommt, baut eilends!

Baut eilends, ihr Maurer!
Denn die Zeit ist reif für uns.
Seht, wir haben unser Fundament gelegt:

Wer Gold für das Bauwerk hat, lasset ihn die Reinheit erbauen.
Wer Silber hat, soll die Enthaltsamkeit errichten.
Wer Juwelen hat, lasset ihn einfügen die Gebete und Gesänge.

Baut nicht unbesehen alles aufs Bauwerk!
Unnütze Spreu verbrennt!

Baut nicht mit Stoppel und Stroh:
Sondern eßt und trinkt im Namen des Herrn.

Baut nicht mit morschem Holz.
Doch setzt das Siegel des Kreuzes ins Innere.
Setzt das Siegel nicht ins Äußere, weil Diebe das Haus angreifen,
das bei Dunkelheit erbaut ist.

Die Nacht ist die Zeit der Hylä.
Der Tag ist die Zeit des Bewußtseins.

Wohne in Häusern, die du am Tag erbaust!

Hast du dich zum Bauen entschlossen,
wähle erst den rechten Maßstab:
ohne rechtes Maß in deiner Hand wird dein Haus schief werden.

Das Gebäude ist das Heilige Gebot.
Der Maßstab ist die e i n e Bedingung.

Sei nicht trunken, schlafe nicht,
damit du nicht vom Bauwerk fällst.

Baue dein Haus mit Stockwerken.
Gib ihm ein Dach und mache es vollkommen.

Das Haus ist die Gnosis.
Das Dach ist die Liebe des Vaters.

Ruhm und Ehre meinem Erlöser, dem unzerstörbaren Fundament.

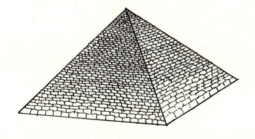

 *ifere nicht, die Menschen zufriedenzustellen.*
Löse dich von der Angst, die verborgenen Dinge der Schande
in dir zu entlarven.
Bringe sie ans Licht, oh Kind Gottes.

Denn was hätte aus der Sicht des Allerhöchsten eine Bedeutung,
es sei denn das Geheiligte?

Und selbst der Geheiligte leidet,
wenn er nachläßt in seinem Bemühen.

Sei wie die Sonne, oh gläubiger Mensch.
Denn sie sagt nicht: "Ich bin schön!"
Wenngleich die Lichter des Himmels ein Ding der Schönheit sind.

Du aber, der du gleich werden willst Deinem Vater, –
verherrliche dann das A n d e r e in dir
und du wirst Frieden finden.

Die Ekklesia ist ein Kranz.
Der Gärtner, der diesen Kranz windet,
bindet Rosen von strahlender Reinheit hinein.

Doch es gibt auch falsche Rosen, die nur den Schein wahren.
Sie erscheinen schön, doch sie sind ohne Duft.
Wehe der falschen Rose!
Sie hat den Kranz der Ekklesia verloren.

Er ging zu den Ufern des Meeres und suchte nach Perlen.

Zuerst fand er Petrus, das Fundament seiner Ekklesia.
Er fand Andreas, die erste heilige Säule.
Er fand Johannes, die Blume der Jungfräulichkeit.
Jakobus fand er, die Quelle neuer Weisheit.
Philippus fand er, der stark ist in Geduld.
Er fand Bartholomäus, die Rose der Liebe.
Er fand auch Thomas, den Wohlgeruch, der nach Indien ging.
Den andren Jakobus fand er, den leiblichen Bruder des Herrn.
Simon, den Kanaaniter fand er, der dem wahren Leben nachstrebte.
Er fand Levi, den Thron des Glaubens.
Er gab Judas den Bissen und nahm auf das geringe Licht.
Doch die Schlinge um ihn werfend, entfernte er den Wolf
von der Herde.
Er erwählte Maria, den Geist der Weisheit.
Martha schenkte er Leben, dem Atem der Unterscheidung.
Er berief Salome, das Geschenk des Friedens.
Er rief Arsinoe und schenkte ihr den Kranz der Wahrheit.
So raubte er Jerusalem seine Perlen und nahm sie mit sich.

Er ließ die Toten auferstehen vom Tod ihrer Sünden.
Er öffnete die verschlossenen Augen der Blindgeborenen.
Er machte, daß die Ohren der tauben Seele wieder hörten.
Er pflanzte seine Schößlinge auf das Feld seiner Erwählten.
Er säte seinen Samen in den Acker der Wissenden.
Der Ruf seiner Stimme durchdrang seine Gemeinde.
Seine Lämmerherde füllte die Ecken der Welt.

Oh Seele, wach' auf!
  Erinnere dich deiner Äonen.

Woher kommst du?
Du bist von der Höhe.
Du bist ein Fremdling in dieser Welt,
ein Gast auf der Erde der Menschen.

Du hast dein Haus in der Höhe, deine Zelte der Freude,
dein wahres Vater-Mutter, deine wahren Brüder.

Du bist ein Kämpfer.
Du bist das Schaf, das in der Wüste wandert.
Dein Vater, der Hirte, sucht nach dir.

Erinnere dich deiner Äonen.

Oh Seele, erhebe dein Haupt in diesem Haus voller Täuschung
durch arglistige Dämonen, Fallstricke und Räuber.
Vergiß nicht dein wahres Selbst.
Denn alle jagen sie dir nach,
voran die Jäger des Totenreichs.

Sie fangen die Vögel und brechen ihre Schwingen,
damit sie nicht zu ihren Taubenschlägen zurückfliegen können.

Oh Seele, erhebe dein Haupt
und kehre zu deinem ursprünglichen Land zurück,
das voller Freude ist.

Du bist ein Kind des Lichtes von Ewigkeit zu Ewigkeit.

Sei ein Freund des Hymnus.
Sei ein Freund der Musik.
Du wirst geliebt in Deinem Harfenspiel.

Spiele die Harfe dem Geliebten Sohn,
dem König des Lebens,
dem Lebenden Äther,
dem Äon der Äonen.

Mache Musik dem Land des Lichtes,
dem Baum des Lebens,
der geheiligten Gnosis
und spiele die Harfe der Auferstehung.

Weit geöffnet ist das Tor
für die Stimme eines geheiligten Herzens,
für die Musik deiner Harfe.
Das Gastmahl des Hochzeitsfestes ist bereitet.

Sei ein Freund des Hymnus.
Sei ein Freund der Harfe.

Und für dich wird Musik gemacht werden.

eist, dem alles zu eigen ist, was Er erntet!

Unterwirf die Beherrscher der Finsternis,
   die mich gefangen halten!
Die Sorge um meinen armseligen Körper machte mich betrunken.
Sein Zerstören und wieder Bauen nahmen mir den Verstand.
Sein Pflanzen und wieder Ausrotten schafften mir Verdruß.
Sein Begierdenfeuer, Lust und Unlust, sie täuschten mich täglich.
Sein Zeugen und wieder Vergehen fesselten mich
ans Gesetz der Vergeltung.
Unzählig sind die Plagen, die ich ertrug
in diesem dunklen Haus.

Oh, erleuchte mich im Innersten, mein wahres Licht!
Hebe mich auf; denn ich bin gestürzt.
Und hilf mir gemeinsam mit Dir empor.
Nähere Dich mir, Heiler, mit der Arznei des Lebens.
Heile mich von den schweren Wunden der Gesetzlosigkeit.
Sende zu mir den süßen Atem meiner Lichtgefährten.

Den Duft des Heiligen Geistes bringe zu mir
in dieses Leichenhaus.
Wie sehne ich mich danach, Deine Heilungen zu empfangen!

Angst, Kummer und Sorge: Sie sind der verborgene Krebs.

Doch in e i n e m Augenblick, mein Gott,
durfte ich e i n s werden mit Deiner Gnade.
Durch Deinen mächtigen Schutz wichen alle Krankheiten
von mir.

Ruhm Dir und Ehre, oh Geist, der da erntet und Frieden gewährt.

D e i n ist die Rasse des Lichtes.

*Ihr alle, die ihr euch bereit gemacht habt,
eilt herbei!*

*Kommt eilends an Bord der Arche der Heiligen!
Damit sie nicht ohne euch die Anker lichte.*

*Gott hat uns gerufen.
Wie freuen wir uns, Ihm zu folgen!
Schaut auf zum Licht!*

Verzichtet auf die Besitztümer der Welt!

*Sucht den Frieden der Armut,
daß er euch führen möge
zu den Reichtümern des Lichtes Christi.*

Alle weltliche Materie,

die mich umhüllt, –

durchglühe sie

mit Deinem Licht noch heute, –

ich flehe Dich an!

Reinige mich, mein Gott.
Reinige mich im Inneren und im Äußeren.
Reinige Leib, Seele und Geist,
auf daß die Lichtkeime in mir wachsen
und mich zur Fackel werden lassen.

Laß mich eine Flamme werden,
die alles in mir
und um mich herum
zum Licht wandelt.

enn du nur wüßtest, oh gottliebende Seele,
was für ein schwaches Haus das ist,
worin du lebst!

Du würdest Öl in die Lampen geben
und deine Lichter entzünden.
Du würdest nicht dulden, daß sie erlöschen,
bis Er kommt und dich ruft.

Deine Streitkräfte, schau:
Sie sind dir vorausgeeilt.
Ein Teil wird dir folgen.
Ein Teil begleitet dich.

Freue dich also, wenn du vor deinen Richter trittst.

Hunger und Durst des Todes hast du hinter dir gelassen.

Die Stadt des Lichtes hast du erreicht.
...
Ein bitter-süßer Brauch ist die Vereinigung des Fleisches.
Sein Lachen ist Weinen, seine Süße ist Bitterkeit.
...
Fortan hast du keine Sorgen mehr.
Denn das Haus allen Leidens hast du hinter dir gelassen.
Selbst deinen vergänglichen Leib
wirst du vors Angesicht deiner Widersacher geworfen haben.

Nimm dein Kreuz auf dich.

Streife die Welt von dir ab.

Löse dich aus den Banden des Blutes.

Unterwirf den Alten Menschen.

Erbaue den Neuen Menschen.

Erfülle das Heilige Gebot.

Gib Raum der Taube mit den weißen Schwingen.

Setze ihr keine Schlange daneben.

Freuet euch, meine Geliebten.

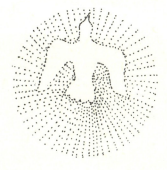

Du bist der lebendige Wein,
das Kind vom wahren Weinstock.
Oh, gib uns zu trinken von Deinem Weinstock!

In der Mitte des Meeres, Jesus, führe uns.
Wenn wir Deinen Namen über das Meer aussprechen,
glätten sich die Wogen.

Wir sind trunken von Deiner Liebe
und Freude breitet sich über uns aus.
Wir denken an jene, die in der Höhe sind
und wappnen uns, um gegen den Drachen zu kämpfen.

Das Wort Gottes ist süß, wenn es Ohren findet, die hören.
Es wohnt im Herzen der Reinen und Enthaltsamen.

Den Namen 'J e s u s' umhüllt Gnade.
Wie groß ist Deine Liebe zu den Menschen,
Du höchste R o s e des Vaters!

Wenn ich Dich suche, finde ich Dich,
mich von innen her erleuchtend.

Das Schiff J e s u s liegt vor Anker, beladen mit Kränzen.
So laßt uns r e i n werden,
auf daß wir unsere Reise mit Ihm antreten können.
Das Schiff J e s u s nimmt seinen Weg zur Höhe.
Es bringt seine Fracht an Land und kehrt um für jene,
die zurückgeblieben sind.
Für jene, die noch im Wahn der Welt verstreut liegen.
Einst wird das Schiff J e s u s alle zum Hafen
der Unsterblichen bringen.

Komm zu mir, Du Ziel meiner Hoffnung!

...

Gib dir Mühe, oh Seele,
die du wachst in den so lang schon währenden Ketten!
Erinnere dich des Aufstieges in die Sphären der Freude!

Eine tödliche Verlockung ist die Süße dieses Fleisches.
Möge dein Herz Gewißheit erlangen.
Mögest du ringen um dein Selbst
und die Vergreisung hinter dir lassen,
um ein N e u e r Mensch zu werden.

...

Ich habe mich stark gemacht im Kommen Jesu,
dem Neuen Gott, dem Ziel meiner Hoffnung.

Er wird nicht in einem verführten Schoß geboren.
Selbst die Mächtigen dieser Welt werden nicht für würdig befunden,
Ihn unter ihrem Dach zu beherbergen.

Siehe, mein Glaube wird mir helfen bis zum Ende,
daß ich Dich, mein Gott, reingehalten habe.

Die Siegel deiner heiligen Abkunft
sind dir eingeprägt, oh Seele.
So kann dich kein unreiner Geist mehr angreifen.
Denn zurecht hast du IHN verehrt,
der alle Geißel des Irrtums zerbrochen hat.

Du, oh Seele, hast deinen Schatz in den Himmel gelegt.

ie schön ist Dein Licht, oh Geist:
Dein Wort will ich vernehmen.
Wie schön sind Deine Gebote:
Sie ließen mich das Äußere durchdringen.
Wie schön ist Deine Weisheit: Sie hat mich im Inneren erleuchtet.
Wie schön ist Deine Liebe: Sie wurde meiner Seele Leben.

Ich verbrannte alles:
D i c h liebe ich allein.

Ich verließ Vater und Mutter, Bruder und Schwester
um Deinetwillen.

Was bedeuten mir Gold und Silber, Garten und Felder?
Was bedeuten mir Weib und Sohn?
Deine Heilige Liebe hat sie alle überwunden.

Was bedeuten mir Essen und Trinken?
Die Stunde, die mich mit Deiner Liebe sättigt,
überwindet alle übrigen Stunden.

Wo ist Hunger? Wo ist Durst?
Die Stunde, in der ich von Deiner Weisheit esse und trinke,
überwindet alle übrigen Stunden, mein Geheiligter.

Wo ist ein Wenigerwerden in Deiner herrlichen Weisheit?
Deine Liebe ist unermeßlich.
Wo ist Stillstand, mein Geist?
Du bist konzentriertes Bewußt-Sein.

Du bist die Vernunft des Lichtes.
Du bist der Vollkommene Gedanke.
Du bist der Göttliche Rat.
Du bist die Gesegnete Eingebung, mein Geheiligter.

Dein ist alle Glorie.

Laß uns gehen.
Sie erwarten dich.

Das Licht hält die Dunkelheit umfaßt.
Laß uns gehen.

Sie stehen an der Grenze und halten nach dir Ausschau.

Siehe, Gott ist in Seiner Fülle gekommen.
Rufst du Ihn, wird Er dir antworten.

Siehe, jene, die dich erwarten, werden dir helfen.
Ihre Hände sind ausgebreitet,
um dich zu umarmen.

Sie sind beladen mit Kränzen,
um sie dem Siegreichen zu schenken.

Nimm die Botschaft.

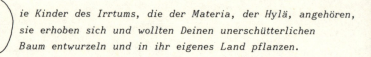

ie Kinder des Irrtums, die der Materia, der Hylä, angehören,
sie erhoben sich und wollten Deinen unerschütterlichen
Baum entwurzeln und in ihr eigenes Land pflanzen.

Darum gerieten sie in Aufruhr.
Doch sie hatten keinen Erfolg, die Kreaturen der Schande.

D u hast über Deine kleine Herde gewacht,
über die Dein Vater Dich zum Hirten machte.
Du hast die Vollkommenen zu Dir gerufen
und sie von der Hylä freigemacht.
Jeden von ihnen hast Du gerufen zu einer Aufgabe
unterm Joch von Jesus.

Die schrecklichen Verfolgungen durch den Feind Gottes,
den Abtrünnigen, führten es herbei:
Du bist den Seelen zuhilfe geeilt.
Du hast Dein Blut vergossen für ihre Sache
und hast sie auferweckt zum wahren Leben.

Dein ist der Sieg, M a n i, heiliger Überbringer der
Frohen Botschaft.
Sieg am Anfang der Zeiten,
Sieg in der Mitte der Zeiten
und Sieg auch am Ende der Zeiten, nach dem alle
Ausschau halten.
Du wahrlich bist es, der den Anfang, die Mitte und das Ende
verkündet hat.

Überwindung auch der Seele der gesegneten Maria.

Meine Brüder, ihr Gottliebenden,
legt an das Wort der Wahrheit!

Diese Welt ist nichtig.
Kein einziger Gewinn ist in ihr.

Die Menschen denken, daß sie zur Ruhe kommen.
Sie wissen nicht, daß sich Unheil für sie zubereitet.
Sie rennen und stürmen voran, bis ihre Stunde sie überwältigt.

Sie sind gerufen worden.
Aber sie haben es nicht begriffen.
Hin und her sind sie gelaufen in vergeblichem Wahn.

Um meiner Seele Leben zu geben,
habe ich die Welt gering geschätzt:
Die Dinge des Fleisches habe ich aufgegeben.
Mit den Dingen des Geistes suchte ich Einklang.

Seit ich den Erlöser gefunden habe,
wandere ich in Seiner Spur.
Durch nichts habe ich mich aufhalten lassen,
den Kranz zu empfangen.

Meine Brüder, oh wie groß ist die Freude,
die dem Vollkommenen bereitet ist.
Wir alle, meine Brüder, können sie ererben.

ein reines Antlitz, Vater, enthülle es mir!
Deine unbefleckte Herrlichkeit, Stärkung meiner Seele,
lasse sie auferstehen und komme schnell zu mir
mit dem Heer Deiner Engel!

Vergiß mich nicht, Deine Magd, inmitten der Söhne der 'Hylä':
erlaube den Dämonen nicht, mich zu überwältigen!
Denn ich komme zu Dir.

Geiern gleich sehe ich die erbarmungslose Menge mich umgeben:
Jesus, enthülle Dich mir am Tag meiner Not!

Löse auf die Netze der Angst!
Zerstreue die Menge dieser Närrischen!
Behüte Dein Lichtschaf vor den wild reißenden Wölfen!

Ich sehe ein Grauen aufsteigen von der Erde zum Himmel.
Wie weh ist mir darum!
Wie sollte ich dem entfliehen,
wenn Du mich nicht hinüberbringen würdest, Herr?

Löse auf die dunkle Wolke vor meinen Augen,
damit ich mit Jubel zu Deinen gepriesenen Wohnungen
übersetzen kann!

Dein Licht zu schauen, ist mir Gewißheit geworden:
So habe ich keine Gemeinschaft mehr mit der Dunkelheit.

Laßt daher keinen Menschen um mich weinen.
Denn die Tore des Lichtes haben sich vor mir geöffnet.

Unter mächtigem Flehen rufe ich Dich aufrichtig an:
D i c h, den Edelsteinbaum 'Lebendiges Ich',
den unvergleichlichen Heilkönig,
die Ruhe, die reine Tat, die Vollkommenheit.

Dich, ewig blühender Edelsteinbaum 'Lebendiges Ich',
mit diamantenen Gliedern als Wurzeln und Zweige,
die erhabene, ewige Freude sind.

Deine durch Edelsteine vollkommen geformten Blätter
sind das Mitleid.
Deine ewig frische, unvergängliche Frucht ist die Unsterblichkeit.
Wer sie ißt, beendet für immer den Strom von Geburt und Tod.
Ihr wohlriechender Hauch umgibt duftend die Welt.

Du bist, oh großer Heilkönig, das ersehnte, ewige Leben,
der ewig blühende Baum,
der das strahlende Selbst wieder zu beleben vermag.

Du bist die Weisheit,
der unbegrenzte Raum,
das ewig Wache.

Ja, Du bist der König der Geist-Seele
und Du allein weißt zu scheiden.

Was soll ich tun, Herr, damit ich wahrlich lebe?

Übe dich in Enthaltsamkeit, meine Seele,
und du sollst leben.
Gib Ruhe deinen Händen.
Kleide dich in die reine Wahrheit.

Gib Liebe deinem Bewußtsein.
Gib Glauben deiner Vernunft.
Gib Vollkommenheit deinen Gedanken.
Gib Ausdauer deinem Beschluß und Weisheit deiner Erwägung.

Gib Raum in dir der Taube mit den weißen Schwingen.
Setze ihr keine Schlange daneben.

Gib keinen Raum der Trübsal, noch dem Zorn.
Unterwerfe die Begierde.
Besiege die Überheblichkeit.

Laß nicht ab in deiner Liebe zu Gott.

Mit Vollkommenheit wirst du vollkommen.
Mit Geduld wirst du ertragen.
Mit der Gnosis wirst du begreifen.

Halte dein Gebot.
Vervollkommne deine Taten.
Bleibe unverbrüchlich treu in diesen Dingen für allezeit.

Und du sollst leben, meine Seele.

Jesus, eingeborener Sohn des Vaters, errette mich!
Das Plasma der Erde will ich ablegen.
Das Feuer der Dunkelheit mit ihren Fallstricken,
das feindliche Lager, – ich will es besiegen
mit der Waffenrüstung des Parakleten.

Den Verleumder habe ich zurückgewiesen.
Die Engel des Lichtes halfen mir, den Dämon zu überwinden.
Von mir abstreifen werde ich diese Welt
und ihr Zerrbild des Fünfsterns.
Vernichten werde ich die Fallstricke der Archonten,
die ich mit mir herumschleppe.
Aufklaren werde ich in der Erinnerung des Parakleten.

Laß mich rein werden, Du ewiger Sieger, durch Deine Glieder
und wasche mich in Deinen heiligen Wassern.
Wie auch immer ich sein möge, mache mich makellos.

Herr, die Zeit ist gekommen,
da ich zurückkehren will in meine wahre Heimat.
Du bist der Weg.
Du bist die Tür zum Ewigen Leben.

Die Waffen des Feindes, sie gehen zugrunde.

In Deiner Kraft sind Deine Gebote mir ein Landeplatz.

73

Komm, mein Seelengefährte, Licht, mein Führer!
Komm, meine Seele, sei tapfer:
Du hast Deinen Erretter.

Dein Schutz ist Christus.
Denn Er wird dich in Seinem Königreich empfangen.

Seitdem ich voranschreite in der Dunkelheit,
ist mir ein Wasser als süßes Heilmittel zu trinken gegeben.
Ich harre aus unter einer Last, die nicht meine eigene ist.
Ich lebe inmitten meiner Feinde, wilde Tiere umgeben mich.

Die Last, die ich trage,
ist die Last der Mächte und Fürsten dieser Welt.
Sie erglühten in ihrem Zorn
und erhoben sich gegen mich.
Wie Wölfe rannten sie gegen mich an,
als wäre ich ein Schaf ohne Hirte.

Die grobe Materia, Hylä, und ihre Söhne zerteilten mich
untereinander. Sie ließen mich in ihrem Feuer brennen
und gaben mir eine bittere Gestalt.

Die mir Fremden, mit denen ich nun vermischt bin,
sie kennen mich nicht. Sie schmeckten meine Süße
und begehrten mich bei sich zu behalten.
Ich bedeutete Leben für sie.
Doch sie bedeuteten Tod für mich.
Ich hielt stand unter ihnen.
Und sie trugen mich wie ein Gewand.
...
I c h   b i n   in Allem.
I c h   trage die Himmel.
I c h   b i n   die Quelle.

Der Weinstock ist die Ekklesia.
Wir sind die Trauben.
Die Kelter ist die Weisheit.
So keltern die heiligen Diener Gottes den Wein.

Von den Händen der Heiligen
wurde ich gereinigt für das Unsterbliche.
Sie rufen mich zum Hochzeitssaal in der Höhe.
Ins Festgewand gekleidet, werde ich hinaufgehen.

Vor der Unheilgewalt, diesem Seelenverzehrer,
der voll des Irrtums ist, fürchte ich mich nicht.
Die Gottlosen müssen sich vor ihr fürchten.
Doch die Diener Gottes haben sie zertreten.

Der mich Weisheit lehrt, wird mir auch die Krone aufsetzen.
Der mich zu den Heiligen emporzieht,
wird mich auch zum Licht der Lichter führen.

So will ich hinaufgehen zur Göttlichen Naturordnung.

Glorie und Sieg dem Parakleten, dem Geist der Tröstung.

Schaffe in mir ein geheiligtes Herz, mein Gott.
Laß einen aufrichtigen Geist von nun an in mir sein.

Das geheiligte Herz ist Christus:
Wenn Er in uns aufersteht, werden auch wir in Ihm auferstehen.

Die Schöpfung des Lichtes ist unsere Hoffnung.
Die Schöpfung der Dunkelheit ist dieser Körper, den wir tragen.

Die darin eingeschlossene Seele ist aus dem Ersten Menschen.
Der Erste Mensch, der siegreich war im Land der Dunkelheit.
Er wird auch heute siegreich sein im Körper des Todes.

Der Lebende Geist, der Hilfe gab dem Ersten Menschen,
er wirkt auch heute als Paraklet, als Geist des Trostes.

Reinige mich, mein Gott, reinige mich innen und außen:
reinige den Körper, die Seele und den Geist.
Reinige mich in diesen drei Siegeln:
Meinen Mund, meine Hände, meine Jungfräulichkeit.

Jesus ist auferstanden in drei Tagen.
Er hat das Lichtkreuz aufgerichtet in dreifacher Kraft.
Die Sonne, der Mond und der Vollkommene Mensch,
diese drei Mächte sind die Ekklesia des Makrokosmos.

Jesus, die Seele und der Geist, der in der Mitte ist:
Diese drei Mächte sind die Ekklesia des Mikrokosmos.

Das Königreich der Himmel, es ist i n uns und u m uns.
Wenn wir daran glauben, werden wir ewig leben.

Glorie und Überwindung jedem,
der diese Dinge hört, glaubt und in Freude erfüllt.

Jesus, verlasse mich nicht!

Siehe, die herrliche Rüstung,
womit Du umgürtet hast Dein Heiliges Gebot,
ich habe sie meinen Gliedern auferlegt
und damit gegen meine Widersacher gekämpft.

Ich durchwanderte die ganze Welt.
Ich nahm Kenntnis von allen Dingen darin.
Ich sah, daß alle Menschen vergeblich hin und her rennen.

Oh wie lang schon herrscht darin der böse Geist
und der Zorn der Finsternis,
wodurch die Menschen gefesselt sind.

Dich, Gott, haben sie vergessen.
Der Du kamst und Dich selbst zum Tode gabst für sie.

Als ich diese Dinge sah, Herr,
ergriff ich Deine Hoffnung und machte mich stark in ihr.
Dein Joch habe ich nicht von mir gewiesen.
Deine hervorragenden Gebote habe ich erfüllt.
Nicht duldete ich, daß Deine Licht-Lampe
von den Widersachern ausgelöscht würde.
...
Dies ist die Stunde der Betrübnis, wo ich harre auf Dich.

So will ich meinen Richter im Auge behalten
und mich nicht verwirren lassen in meinen Taten.

Siegreich führt er mich in die Hände der Engel
und sie geleiten mich zu Seinem Königreich.

einen Weg habe ich betreten.
Deine Verheißung habe ich gewählt.
Die Augen der anderen
haben mir dies als Übel angerechnet.

Bereitwillig ließ ich mich von Deinen Geboten lenken.

Die Welt und die Worte der Täuschung ließ ich hinter mir.

Ich verließ die üblen Gewohnheiten.

Von der Scheinfreiheit der weltlichen Dinge
wandte ich mich ab.
Denn ich empfand sie als widersinnig.

Ich beugte meinen Nacken unter Dein Joch der Tugend
schon während der stürmischen Zeit meiner Jugend.

Das Gift der Sünde, Mammon, wies ich zurück.

Ich zog mir an die gesegnete Armut.

Wenngleich mich die anderen als armselig
und seltsam erachteten,
schritt ich unverwandt vorwärts.

In Deine Himmel will ich ziehen, Erlöser der Seelen,
und diesen Körper auf Erden verlassen.
Ich höre den Schall der Trompeten:
Sie rufen mich zu den Unsterblichen.

So will ich meinen Körper auf die Erde werfen,
aus der er zusammengefügt ist.

Seit meiner Kindheit habe ich gelernt,
auf dem Weg zu Gott zu gehen.

Laßt keinen Menschen um mich weinen,
weder meine Brüder noch meine Erzeuger.

Meine wahren Eltern sind die von der Höhe.
Sie lieben meine Seele und suchen sie.

Diese Welt ist der Feind meiner Seele.
Ihre Reichtümer sind Betrug.

All das fleischliche Leben haßt das Göttliche:
Würde ich es nicht auch tun anstelle meiner Feinde?
In Unwissenheit sind sie doch eingekerkert
ins Fleisch des Todes, das da in Sünde brennt.

Mein Retter hat mich nicht verlassen.
Von Seinem Lebendigen Brunnen stillt er meinen Durst.

Von meinen Augen habe ich den Todesschlaf,
mit all seinem Irrtum, abgeworfen.

Den Weg der Geheiligten,
der Diener Gottes in der Ekklesia, ich erkenne ihn nun.
In sie hat der Paraklet den Baum der Gnosis gepflanzt.

 esus, mein Licht,
verlasse mich nicht in der Wüste dieser Welt!

Vater, König der Gekrönten, Dich habe ich rein gehalten.

Die Lichter in der Höhe,
ich habe sie mir zu Fähren gemacht.

Die Macht, die das Universum trägt,
ich habe ihre heilige Fracht bewahrt.

Jesus, Du bist mein Trost.
Deinem Schutz habe ich mich anvertraut.

Diese ganze Welt habe ich losgelassen.

Ich war dabei, in den Tiefen unterzugehen,
doch es gelang mir, die Küste zu erreichen.

Ich verließ meine leiblichen Eltern und Brüder
um meiner geistigen Eltern und Brüder willen.

Die Werke des N e u e n   M e n s c h e n,
seht, zu ihnen bin ich übergegangen.

Die Welt habe ich aufgegeben
um Deines Namens willen, mein Gott.

Verlasse mich nicht, denn   D u   kennst mein Herz.

omm zur Ruhe, halt ein mit Weinen, mein Geliebtes!
Groß ist der Nutzen deines Schatzes.
Denn du hast das Fundament deines Turmes
auf den Felsen von C h r i s t u s gesetzt.

Du hast deine Lampen im Öl des Glaubens entzündet.
Du hast dich um die Beraubten gekümmert.
Die Verwaisten hast du mit Nahrung und Kleidung versorgt.
Du hast Verfolgungen ertragen im Namen Gottes,
der mit Gnade vergilt.

Die Freude, mein Herr, über diesen Deinen Zuspruch
ließ mich vergessen
alle Mühsal irdischen Lebens.
Die Süße Deiner Stimme
erinnerte mich an meine Heimatstadt.

Wer könnte gerettet werden, ohne sich
freizumachen von seinen Sünden?

Oh, glorienvoller Geist, Frucht Jesu,
hilf mir, auch mir!

An Dir habe ich festgehalten,
der Du die Todesfurcht hinwegnimmst
durch das siegreiche Kreuz.

effne Dich für mich, Baum des Lebens!
Tu mir auf Deine Wesenheit, damit ich zu schauen vermag
das heilige Antlitz.

Öffne mir Deine Tempelhallen;
denn mein Herz ist stumm vor Freude.
Tu mir auf Deinen Paradiesgarten,
daß mein Geist seinen Duft einatmen möge.

Mein Gewand ist bereitet,
sodaß ich froh zu meinem Vater zurückkehren kann.

Die Zeit der Klärung hat sich über mich ergossen:
ich dürste nach wahrem Leben.

Hart habe ich gearbeitet, um mich loszuringen.
Botschaft Christi, öffne Dich für mich:
Gib mir Dein Siegel.

Die Gemeinschaft der Adler – sie sind's,
die mein Herz zu den Himmeln ziehen!

Alles habe ich eingesammelt und was in meiner Hand lag,
abgebunden bis zur Wurzel.

Was ist das nur für ein W e g, zu dem ich mich wende?

Mein Harfenspiel erneuert sich von Tag zu Tag.

Oh ihr Heiligen, freut euch mit mir!
Denn ich bin zu meinem Ursprung zurückgekehrt.
Ich habe die strahlenden Gewänder empfangen,
die nimmer alt werden.

Nicht müde bin ich geworden, Dich zu rufen:
Torhüter, öffne mir die Tür!

Nicht zurückhalten will ich meine Tränen,
bis Du meine Sünden abgewaschen hast.

Wenn mein Opfer rein ist, empfange es in Deiner Schale.

Binde mich an Dein Gebot,
wegen der Diebe, die mit mir im Hause wohnen.

Laß Deine Gnade in mir brennen.
Doch verbrenne in mir all die unnütze Spreu.

Ist mein Weg vollendet, oh Machtvoller,
gewähre mir dann die Krone.

Trage mich empor auf Deinen Schwingen.
Adler, Du, fliege mit mir zu den Himmeln!

Lege mir an das strahlende Gewand.

Bringe mich als Geschenk Deinem Vater.

imm mich empor zu Deinen Wohnungen, mein Bräutigam!
Rein bin ich geworden und bereit,
Dich bis zum Ende zu erfreuen.

Überall ist Unrecht in dieser Welt der Prüfung.
Gott allein ist ohne Makel,
der mich zu Seinem Kind erwählt hat.

Nimm mich auf, Herr, und pflücke mich,
wenn ich blühe am freudevollen Baum Deiner Ekklesia.
Ich bin eine blühende Frucht, mich reinigend von Jugend an.

Wo auch immer ich hinging,
meine Brüder haben mir Hilfe gegeben.
Oh, könntet ihr doch die Freude meiner Seelengefährten sehen!

Alle Orte durchwanderte ich.
Keine Zuflucht fand ich, es sei denn in Christus.
Meine Brüder, die Söhne des Lichtes,
sie werden mir zur Höhe emporhelfen!

Steht einander bei, meine Brüder, laßt nicht nach!
Denn wir haben einen Gott, der auch uns hilft mit Seiner Gnade.

Kämpft, oh Söhne des Lichtes!
Noch eine kleine Weile und ihr werdet siegreich sein.
Wer sich dem Joch entzieht,
wird den Hochzeitssaal verlieren.

Keine Trübsal wird es mehr geben,
wenn ihr mit dem Kranz die heilige Taufe empfangen habt.

So bin ich wieder ein Kind Gottes geworden. Sogar ich.

Ich bin das Licht, das scheint
und den Seelen Freude gibt.
Ich stütze die sieben Erden.
Ich bin das Leben der Welt:
Die Milch in allen Bäumen.
Ich bin das süße Wasser,
jenseits der Söhne aus der bitteren Materia, der 'Hylä'.

Ich ertrug alles Leiden,
bis ich den Willen meines Vaters erfüllt hatte.

Mein Vater, dessen Willen ich ausgeführt habe,
ist der Erste Manas.

Siehe, ich habe die Finsternis überwunden.
Das Feuer der unheiligen Brunnen habe ich gelöscht.
Das Feuer der heiligen Brunnen habe ich wieder angefacht.
So erhält die Sonne den gereinigten Teil des Lebens zurück,
während die Erdensphären sich im Kreise drehen.
...
Oh Seele, erhebe deine Augen zur Höhe
und erkenne, was dich an die Erde fesselt.
Dein Vater ruft dich!

Geh jetzt an Bord des Licht-Schiffes
und nimm deinen Siegeskranz entgegen.

Kehre zu deinem Königreich zurück
und juble mit allen Licht-Äonen.

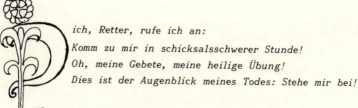 ich, Retter, rufe ich an:
Komm zu mir in schicksalsschwerer Stunde!
Oh, meine Gebete, meine heilige Übung!
Dies ist der Augenblick meines Todes: Stehe mir bei!

"Gesegneter, aufrechter Mensch, komm herauf!
Fürchte dich nicht! Ich bin dein Führer an jedem Ort."

Als ich den Ruf meines Retters vernahm,
umhüllte eine Kraft all meine Glieder.
Ich riß die vergällten Mauern nieder,
ich sprengte die Türen
und lief zu meinem Richter.

Er setzte den Ehrenkranz auf mein Haupt,
legte den Siegespreis in meine Hand,
kleidete mich ins Gewand des Lichtes
und erhob mich über alle Feinde.

Mit Jubel steige ich zu meinem Vater empor,
mit dessen Hilfe
ich das Land der Finsternis überwunden habe.

Oh, mein großer König,
bringe mich hinüber zur Stadt der Götter und Engel!

Der Friede des Vaters der Fülle
sei mit euch allen, meine Brüder.
Jeder, der überwindet, wird in Sein Königreich eingehen.
Auch die Seele der gesegneten Maria.

ch bin eins Deiner hundert Schafe, Herr,
die Dein Vater Dir in die Hände gab,
damit Du sie ernähren mögest.

Der raubgierige Wolf, der Sohn der Steppe,
er vernahm mein sanftes Rufen
und kam heran in blinder Gier.

Sein Los fiel auf mich unter all meinen Gefährten.
Doch D u wachtest über mich,
bis ich meinen Kampf beendet hatte.

Ich überlieferte mich selbst dem Tod,
im Vertrauen auf das göttliche Wort:
"Wer sterben wird um meinetwillen, soll leben.
Wer sich selbst gering achtet, soll erhöht werden."

In der Weisheit, die Du mir gegeben hast,
verherrlichte ich Dich vor den Irrlehrern.
Und keinem gelang es,
mit Deiner Weisheit in Wettstreit zu treten.

Siehe, ich machte Deine Gebote zu meiner Waffenrüstung
und zog hinaus in die Welt.

Sobald ich den Ruf Deiner Trompete vernehme,
sei es im Sommer, im Winter, Frühling oder Herbst,
allezeit folge ich Dir mit frohem Herzen.

Ich sehne mich danach,
den Fleischeskörper zu verlassen
und gleich zu werden einer aufblühenden R o s e,
wie man sie im Morgendämmer pflückt:
Um sie in die Hände eines tüchtigen Mannes zu legen,
der seine Arbeit aufs beste versteht.

Das Wort 'Jesus' ist in mich eingedrungen.
Das nichtige Gewand des Fleisches habe ich abgelegt.
Ich ließ die reinen Füße meiner Seele
vertrauensvoll daraufsteigen.

Die Götter, die mit Christus bekleidet sind,
mit ihnen stehe ich in der Reihe.

Oh, Ekklesia der Gerechten,
die ihr eure Lampen zusammengetragen
und mit lieblichen Gesängen gefüllt habt,
entzündet sie nunmehr an der Heiligen Freude!

...

...Sieg Dir, Geist der Wahrheit...

h, Heiliger Geist,
der Du die Materie unterwirfst,
breite Deine Gnade über mein Bewußtsein.

Ankern will ich, der N e u e Mensch, in Deiner Ekklesia.
Alle verheißenen Gnadengaben werde ich empfangen,
welche den Sieg bedeuten in Deinem ewigen Königreich.

Jesus ist das höchste Geschenk, das gegeben wurde.
Jesus ist die heilige Blume des Vaters.
Jesus ist der Höchste über allen Lichtern.
Jesus ist der Vollkommene Mensch in der Lichtsäule.
Jesus ist die Auterstehung für alle,
die in Seiner Ekklesia den Stoffkörper überwinden.

DU bist es, der mich zu Beginn in den Kampf geschickt hat.
DU bist es, der mir dann Seine rechte Hand gegeben hat.
DU bist es, der mir als unwandelbares Licht vorwärts leuchtet.
DU bist es auch, der im letzten Kampf den Sieg erringen wird.

Die Heere des Himmels schauen zu Dir auf.
DU bist es, den alle Geschlechter anrufen werden.
DU bist das Siegel für jedes Mysterium.
DU bist es auch, der der Seele von Maria
den Sieg gewähren wird.

L̶aß mich erblicken Dein Antlitz, Vater,
das ich schaute, ehe diese Welt erschaffen war.
Ehe die Finsterwelt sich erkühnte,
Neid gegen Deine Licht-Äonen zu erregen.

Allein deswegen war ich ein Fremdling geworden
meinem Königreich.

Nun habe ich diese Wurzel ausgerissen.
Den Leib der Verweslichkeit, der in Sündenglut brennt,
habe ich ersterben lassen.
Ferngehalten habe ich ihn
von den reinen Gliedern der Seele.
Ich bin eine fleckenlose Magd geworden.

Siegreich kehre ich zur Höhe zurück.
Reingewaschen, mein Bräutigam,
mit Deinen Wassern des Lebens.

Das Lichtkreuz,
das dem Universum Leben gibt,
ich erkenne es und glaube daran.

Denn mein Seelenwesen ist davon ein Abbild.

Und aus dem Licht wird alles Leben ernährt.
Doch die Blinden können es nicht begreifen.

...

Ich habe Deinen guten Kampf gekämpft, oh Herr.

ie Freude ist gekommen.
Der Sommer gibt seinen Duft von sich.

Öffnet die Tore.
Entzündet die Lampen.
Das Schiff hat angelegt.
Noah ist anBord und steuert.
Das Schiff ist das Gebot.
Noah ist der Geist des Lichtes.

Lade ein dein Gut.
Segle mit frischem Wind.

Wir haschen nach jedem Augenblick.
Doch wir vergeuden jeden Tag.
Denn wir wissen nicht den Augenblick, wo alles still wird.

Wo sind nur alle Menschen?
Sie haben Abschied genommen.
Sie sind fortgegangen.

Oh dieses große Wunder, dieses Staunen, das die
Menschen erfaßt hat:
sie rennen, sie stürmen voran, doch sie eilen umsonst.
Viele von ihnen starren in die Ferne.
Doch vor uns – in uns – liegt ein allgegenwärtiger Tag.

Die Wunder sind gekommen und ziehen vorüber.
Die Zeichen erfüllen sich.

Laß die weiße Taube in dir leben und setze ihr nicht
die Schlange vor. Sonst fürchtet sie sich vor dir.

Das Königreich ist Liebe, die weiße Taube.

ch bin die Liebe des Vaters,
das Gewand, das dich bedeckt.
Meine Brüder sind die Äonen
und die Äonen der Äonen.
Der Äther und das Land des Lichtes, –
sie lagen in Wehen mit mir.
Ich bin ein Königsohn, der unter Königen die Krone trägt.
Ich wußte nichts von Kampf.
Denn ich bin von der Stadt der Götter.
Seit der Stunde, wo die Hasser ein böses Auge auf mein
Königreich warfen, verließ ich meinen Vater und ging hinab.
Ich gab mich in den Tod für sie.
Ich wappnete mich und ging
mit meinem ersten Lichtgefährten vorwärts.
Ging e r voran, kämpfte i c h.
Ging e r hinterher, wurde i c h beschützt.

Er kam mit mir überein und sagte: "Wenn du siegreich bist,
wirst du deine Krone wieder empfangen."

Im ersten Kampf war ich siegreich.
Doch dann erwuchs mir ein neuer Kampf:
Seitdem ich ins Fleisch gefesselt war,
vergaß ich meine göttliche Herkunft.
Ich wurde gezwungen, den Becher des Zornes zu trinken.
Ich wurde gezwungen, gegen mich selbst zu rebellieren.
Die Fürsten und Gewalten kamen hervor
und bewaffneten sich gegen mich.
...
Christus, führe mich, mein Erretter, vergiß mich nicht!
Wirke mit Deiner Lichtmagie und banne die Widersacher,
bis ich an ihnen vorbeigezogen bin.
Führe mich in Deinen Hochzeitssaal, um Dich zu lobpreisen.
Laß mich sein unter den Überwindern, die die Krone empfangen.

Wie ein Vogel im Käfig,
so bin ich im Körper des Todes.

Ich war kein Diener jener Raubvögel,
die mir die Federn ausrissen.

Sie schämten sich nicht ihrer Bosheit,
während ich zum Taubenschlag der Lichter eilte.

Siehe, heute habe ich das Gewand
einer reinen Magd angelegt.
Ich bitte Dich, mein Geliebter,
empfange meine Seelengaben zu unsrer Begegnung!

Bringe mich an Bord des Schiffes der Geheiligten.
Laß es, meiner Seele zuliebe, eilends übersetzen.
...
Seht, so fand ich das Land des Lichtes.
Ich machte mich auf den Weg zur Stadt der Götter.
Ich nahm teil an der Gemeinschaft der Gerechten.
Gleichwohl befand ich mich noch im stofflichen Körper.
Und mein Mund war voll der Lobpreisung.

Erstrahle, oh Seele!
Heb' dich empor zur Gemeinschaft der Götter,
die du im Beginn verlassen hast.

E r   wird vor dir erscheinen,
mit einem Antlitz voll Freude.

E r   wird dich waschen und reinigen
mit Seinen wunderbaren Tautropfen.

E r   wird deinen Fuß auf den Pfad der Wahrheit setzen.

E r   wird dich mit Lichtschwingen versehen
wie einen schwebenden Adler,
der in den leuchtenden Äther emporsteigt.

er Reigen Deiner Söhne in der Höhe
läßt Musik erschallen Dir zur Ehre.

Ich trage den Erdenkörper, die Schöpfung der Todesnatur,
während ich schauen darf die Stätte des Lichtes:
Den Ort des Reigens der Unsterblichen.
Die Licht-Stadt, die niemals Verwesung noch Zerfall kennt.

Seht, nun bin ich gewaschen mit reinen Äthern.
Befreit bin ich von allem Unreinen,
was der Materia, der 'Hylä', angehört.
Denn das Heer des Lichtes hilft mir von allen Seiten.

So habe ich mich befreit
von den bitteren Wassern des Unheils,
und ich gelangte in den Hafen,
noch ehe die See stürmisch wurde.

Nicht durchnäßt bin ich
von den salzigen Wassern irdischer List.
Vom Feuer der Unersättlichkeit ließ ich mich nicht fangen.
Nicht unterjochen konnte mich
das irdische Leben mit seinen Sorgen und Wunden,
die durch das Gift des Neides und der Habgier entstehen.

Die Welt der Trübsal,
die in meinen Augen ohne Wert ist,
habe ich aufgegeben.

Ich eile zur Stadt der Gerechten.

Nach links und rechts, auf und nieder
bin ich gelaufen, mein Leben lang.

Nicht hatte ich den Feinden erlaubt,
meine Lampe zu löschen.

In dem mächtigen Rennen lief ich mit,
das nur selten einer vollendet.

Ich habe dieses Rennen zum Guten Ende gebracht.

Mit Jubel und Gesang kehre ich heim in meine Heimat.

Seht, ich bin dabei,
dem Körper des Todes zu entsteigen.

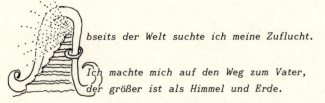

bseits der Welt suchte ich meine Zuflucht.

Ich machte mich auf den Weg zum Vater,
der größer ist als Himmel und Erde.

Ich verbarg mich nicht vor Dir, mein Gott.
Ich tat nicht den Willen des Fleisches,
damit Du mich nicht verlassen mögest
in der Stunde der Bedrängnis.

Denn die Dinge der Welt,
sie ziehen vorbei.
Sie löschen nicht den Durst der Seele.

Das Leben der Menschen,
es ist nur eine Lampe, die verlöscht.
...

Als ich diese Dinge weinend zu meinem Erretter sagte,
rief er mir zu:

"Komm, eifriger Gefährte, nimm den Lichtkranz!"

Wer kann es begreifen, meine Brüder,
daß ich dennoch zur Erde zurückkehre,
um allen Menschen von der Herrlichkeit zu berichten,
die ich heute empfangen habe?

Ich habe gerungen,
bis ich der Arglist entrinnen konnte.

Den Hunden des Feuers habe ich mich nicht vorgeworfen.

Die sieben furchtbaren Dämonenkräfte mußten weichen,
ihre schmutzigen Klauen leer.
Ihr Herz beladen mit Wut und Enttäuschung,
weil sie mich nicht fangen konnten in den Netzen ihrer Lust.

...

Oh Retter, Sohn Gottes, nimm mich eilends zu Dir!

Wasche mich im Tau Deiner herrlichen Lichtsäule.

Dein Gericht ist gerecht:
Es gibt darin kein Ansehen der Person!

Ich habe erkannt und begriffen das,
was ist und das, was sein wird.
Das Sterbliche und das Unsterbliche.
Den König des Lichtes: Den Baum des Lebens, –
und die Macht der Dunkelheit: Den Baum des Todes.

Das Gesetz der Dunkelheit habe ich hinter mir gelassen.
Das Gesetz des Lichtes habe ich angenommen.

Euch grüße ich, Ihr Götter und Engel,
die Ihr im Land des Lichtes lebt!

Den Löwen, der in mir ist, habe ich erwürgt.
Ich habe ihn von meiner Seele hinweggetan,
damit er sie nicht wieder beschmutze.

Ich überquerte das stürmische Meer.
Die Fallstricke des Todes habe ich überwunden.

Glorie und Sieg dem Parakleten, unserem M a n i.

Heil dir, Seele, die du den Kampf jubelnd beendet hast!

Entkommen bist du der Höhle des Löwen,
der Wohnung der Räuber,
diesem Körper des Todes, der von allen beweint wird.

Das Meer und seine Wogen
hast du durch deinen Glauben überwunden.
Die Ungeheuer darin, die dein Schiff verschlingen wollten,
hast du auf deinem Kurs überwältigt.
Sie kannten dich nicht, noch verstanden sie dich.

Die Kraft der Sünde stöhnt,
weil du ihr so plötzlich entkommen bist.
Weil du dem Irrtum nicht gefolgt bist
und das Feuer seiner Dämonen niedergeschlagen hast
mit zunehmender Tugend.

Du hast beschämt die Fallensteller, die dich fangen wollten.
Du hast ihre Netze aufgerollt.

Nun staunen sie über die Schönheit deiner Schwingen,
da du mit Adlerkräften zu den Taubenschlägen
der Freiheit emporsteigst.

Zu Dir singe ich, oh Christus.

Entronnen bin ich dem Gesetz des Schicksals der Natur,
das keine Saat der Befreiung in sich trägt,
nur stets Verwesung und Zerfall bewirkt.

Die Seele,
ohne Stolz, unangesehen, unberühmt und ohne Gunst,
sie gewinnt nichts in den Zeiträumen der Angst.

Alle Dinge, die in den Augen der Welt so geschätzt werden,
ihr Ruhm vergeht und sie schwinden dahin.

Dieser Welt des Irrtums bin ich entronnen!

Gewähre mir nur Deine Gnadengaben, oh Erbarmender,
damit ich nach der Art des wahren Lebens zu leben vermag.
...
In Stille wurde mir der Kranz der Götter aufgesetzt.
Meine rechte Hand ist schön geworden,
seitdem sie die unverwelkbare Palme empfangen hat.

Die Löwenfelle, die meine Glieder bedeckten,
habe ich von mir geworfen.
Ein heiliges Gewand habe ich dafür empfangen.

Ruhm ist in meinem Mund für die Fülle Deiner Güte.

D as *Lamm ist das glorienvolle Lamm,*
die ewige Jugend, der Sohn der Morgenröte.

Ich suchte, ich habe gefunden.
Ich fand den Hafen.
Der Hafen ist das Heilige Gebot.
Ich setzte meinen Fuß auf den Pfad.
Der Pfad ist die Kenntnis von Gott, die G n o s i s.

Ich fand die Schiffe.
Die Schiffe sind Sonne und Mond.
Sie setzen mich über zu meiner Stadt.

Ich fand einen Gewinn, worin es keinen Verlust gibt.

Ich fand eine Ruhe, worin es keinen Streit gibt.

Ich fand eine Freude, worin es keine Trauer gibt.

Ich juble. Ich juble für immer und allezeit.

Siehe, der Pfad des Lichtes
liegt ausgebreitet vor mir,
bis zu meiner ersten Stadt,
dem Ort meiner ursprünglichen Herkunft.

Die Tore des Himmels haben sich vor mir geöffnet
durch die Strahlung des Erlösers
und Seiner herrlichen Lichtgestalt.

Das alte Kleid, das Kleid des Zerfalls,
habe ich auf der Erde zurückgelassen.
Das unsterbliche Gewand habe ich angezogen.

Setze mich über, oh friedvolle Lichtfähre
von Sonne und Mond,
über diese drei Erdsphären
in meine Lichtheimat!

Oh, ungewöhnliches Ringen, in dem ich gerungen habe!
Oh, daß mein Ringen einen glücklichen Ausgang fand!
Oh, ewiger Besitz!

Eine heilige Braut
in Deinem Brautgemach des Lichtes
bin ich geworden.

Brüder, ich habe meinen Kranz empfangen!
Mein Bräutigam hat mich ins Brautgemach geführt.
Ich war mit Ihm im Land der Unsterblichen.

Mein Land hab' ich geschaut.
Meine Väter habe ich gefunden.
Die Göttlichen und die Äonen des Lichtes
haben mich mit Jubel willkommen geheißen.
Brüder, ich habe meinen Kranz empfangen!

Ich war wie ein Schaf, das seinen Hirten suchte.
Ich habe meinen wahren Hirten gefunden.
Er brachte mich wieder zu meiner Herde zurück.
Den Kampf habe ich zuende geführt.
Mein Schiff habe ich an Land gebracht.
Kein Sturm konnte es überwältigen, keine Woge verschlingen.
Ich saß nur, in Stille ergriffen und überwältigt,
voll Ehrerbietung für die Gnade meines Vaters.
Brüder, ich habe meinen Kranz empfangen!

Ehe ich das Schiff der Wahrheit fand,
steuerte ich dem Untergang entgegen.
Jesus wurde mir das göttliche Rettungsseil.

Wer vermöchte von der Gnade zu sprechen, die zu mir kam?

Brüder, ich habe meinen Kranz empfangen!

Verlasse mich nicht, mein König,
der D u mein Herz kennst!

Ich entfloh den Wächtern der Stadt, mit aufgelöstem Haar, wie
ein wahnsinniges Weib und fragte jeden, der mir begegnete:

"Wer kann mir Nachricht geben von M a n i, meinem Hirten,
und mir sagen, wie er getötet wurde in dieser gottlosen Stadt,
- von Bestien, die durch das Begierdengift in Wut getrieben
wurden?"

Ich habe von euch gehört, den Feuer-Zauberern, daß ihr meinen
Herrn in schmutzigen Händen gefangen haltet, ihr haßerfüllten
Brüder des Judas. Dunkel schwärt das Feuer in euren Herzen
und stachelte euch an, bis ihr den Gerechten Gottes, den Ge-
sandten ermordet hattet.
Mein Gott, dies sind die Verbrechen bösherziger Männer.
Dies ist die Straße, die zur Hölle führt.
Kein Tier habe ich so gebrandmarkt gesehen wie Menschentiere.
Kein Feuer habe ich gesehen, so finster wütend wie in diesen
Herzen.
Sie schrien zum gottlosen Richter mit Lügen-Worten:
"Ein Mensch ist erschienen, der gegen uns streitet und unsere
Ansichten in den Wind schlägt. Einstimmig flehen wir dich
an, oh König, schaffe ihn hinweg! Denn er ist ein Lehrer,
der die Leute in die Irre führt!"
Als der König, der unkluge Unheilschaffer, die Worte dieser
Erbarmungslosen hörte, war er aufgebracht und ließ meinen
Hirten rufen und sagte mit grimmiger Herrscherstimme:
"Wer hieß dich diese Dinge tun? Wer bist du? Du tust Dinge,
die allen Leuten Schaden zufügen!"
Die glorreiche Vernunft meines Hirten gab zur Antwort:

"Wisse, König, daß Gott mich zu den Menschen gesandt hat als
einen, der das Gesetz des wahren Lebens kennt und befolgt
und den vollkommenen Geboten des Christus-Geistes dient."

Der König schrie mit barschem Ton:
"Sage mir doch, wie Gott dir erscheinen will! Du hast ein
befremdendes Wesen. Du bist ein armer Mann ohne Stand.
Du behauptest, ein Sohn des Lichtes zu sein und erkühnst dich
so zu sprechen, als ob Gott allein dir diese Gunst und unaussprech-
liche Gabe verliehen hätte."

"Die von Gott kommen, suchen nicht nach Gold und streben
nicht nach den Besitztümern dieser Welt. Es gibt für ihn kein
anderes Gebot als das göttliche. Gott unterweist den, welcher
ihm Freude macht. Er verleiht ihm ein Vermögen, das alle irdi-
schen Vermögen übertrifft, zum Zeichen eines aus Gott hervorge-
henden Propheten, eines wahrhaftigen Mann-Gottes, in Wort
und Tat."

Der streitsüchtige König tobte in flammendem Zorn und befahl
seinen Männern, den Gerechten in Fesseln zu lagen, auch um
den Magiern einen Gefallen zu tun, den persischen Schriftgelehrten,
den Feuerhuldigern.
Auf diese Weise hielten sie Gericht über den siegreichen Engel
und Parakleten.

Wieviel furchtbare Tage, mein Vater, mußtest Du ertragen,
bis die Trennung von derRasse der schrecklichen Männer vollzogen
war! Sechsundzwanzig Tage und Nächte hast Du in Ketten in
Belapat zugebracht! Ruhmvoller Sohn aus den Äonen des Lichtes!
Edles Abbild der göttlichen Mysterien! Hände, die ihr an so
viele Seelen Freiheit verliehen habt! Hände, die heute gefesselt
sind mit eisernen Ketten!
Zu wem soll ich nun gehen, damit er diese erbarmungsvollen
Hände für mich befreien möge?
...Über diese Welt des Todes hast Du Deine jubelnden Schwingen
erhoben. Erst hast Du gebetet zum Licht der Lichter, Deinem
Vater, dann hast Du Deinen toten Körper vor die Füße Deiner
Feinde geworfen.
...

...In der Blindheit seines Zornes wollte der König die Schönheit Deiner Glieder zerstören. Du wahrlich bist aufgestiegen in die höchsten Lichtsphären ohne Behinderung. Der König aber, überschattet vom mörderischen Dämon, sprach:
"Vielleicht ist es eine Droge, mit deren Hilfe er sich überirische Kräfte aneignete." Er befahl den Ärzten, Deinen Körper zu öffnen und zu examinieren, Deinen heiligen Körper, gegen den er sich voll Spott verschwor. Er ließ Feuer anmachen in einem großen...
...
Am zweiten Tag der Woche hast Du die Glorie Deines Sieges empfangen. Du durftest Dich mit dem Diadem des Sieges krönen. Denn auf dem Berg Phamenoth hast Du die Rasse der Dunkelheit überwunden. Am vierten Tag, Mond-Tag, hast Du Dein königliches Gewand zurückempfangen.

Oh mein Vater, Überwinder im Kampf, sei mir gnädig.
Zeuge der erhabnen Segnungen des höchsten Christus,
Siegel der Seele,
deren Ruf sich über die Welt ausbreitet,
Du bist würdig,
die Krone zu empfangen, Vater.

Gebet M a n i's in Seiner Todesstunde

"Oh mein Vater, siehe: Eisen ist auf mir!
Oh mein Vater, Erster Manas, höret meine Stimme!
Mich, den Bedrängten, höret!
Alle Hüllen und Schleier mögen fallen
durch mein flehendes Gebet.
Christus rufe ich an mit Seinem Namen.
Alle Engel in Ehre und Glanz,
ich rufe Eure Namen:
Befreit meinen Geist aus seinem Gefängnis!
Nehmt hinweg von mir das Kleid der Trübsal
und geleitet mich aus dieser Welt!

Oh mein Vater,
oh Urmensch,
öffne meinem Flehen die Tore,
durch die mein Klagen in die Höhe gelangt:
Erhöre es, Jungfrau des Lichtes,
höret meine Stimme, Ihr Engel!
Höret die Stimme meines Flehens und löset meine Ketten.

Vor Dein Angesicht werfe ich mich nieder,
da ich zu Deiner erhabenen Stätte komme,
oh Richter aller Welten!
Höre das Gebet des Gerechten,
zu Dir flehe ich mit aller Kraft.

Oh Vater der in Wahrheit verwaisten Seelen
und Gatte der trauernden Witwe, (der Seelengemeinschaft),
oh Vorbild heiligen Strebens,
erhöre die Stimme des Bedrängten!

Oh Jesus, mein strahlender Erlöser,
Vollkommener Mensch,
Jungfrau des Lichtes,
aus dem Abgrund hebt meine Seele zu Euch empor!
Beschämt die Hasser durch Eure Treue.
Denn Ihr habt mich gesandt an diesen Ort der Finsternis.

Oh Geistesmacht der Größe,
Wesenheit des Lichtes,
ziehe meinen Geist aus der Tiefe
und meine Seele aus dem Abgrund empor.
Denn der Leib, den Du gebaut,
er wurde vernichtet inmitten dieser Welt,
unter den Verfolgungen, die ich um Deinetwillen erlitt,
seit meiner Kindheit.

Möge Deine große Kraft zu mir kommen
und Deine Engel, die gewaltigen Boten, mir helfen,
damit ich besiegen kann das Unheil
und meine Fesseln zu Boden lege
und das Haus seinem Herrn übergebe.
Denn es hat gekämpft mein Geist
und ist Herr geworden im Haus des Leibes.
Dem Lebendigen Geist zuliebe hab' ich mich ferngehalten
von den Begierden der Welt
vom zwölften Jahr bis in mein Alter.

Dich anrufend in mir selbst
mit Deinem großen Namen,
habe ich mein Selbst gefunden.

Höre die Stimme Deines Gesandten in der Welt.
Ich schaue Dich in Deiner Herrlichkeit.
Ich gehe ein ins Land des Lichtes.
Du bist es, den ich rufe:
Erbarme Dich meiner!
Antworte mir, mein Lebensspender!
Errette meine Seele aus aller Qual!"

Und es wurde seine Stimme erhört vom König der Liebe,
der ihn gesandt hatte.

Sein Körper begann sich aufzulösen:
Betend bewegte sich seine Gestalt.
Seine Aura begann sich zu verändern.
Es wandelte sich seine Erscheinungsform.
Ein Leuchten kam über sein Antlitz,
seine Gestalt und seine Glieder.
Es lösten sich auf die Glieder seines Leibes,
der einem wankenden Hause glich,
einem Kleid, das zerreißt.
Es neigte sich zu Boden.

Er vollendete Sein Gebet.
Seine Augen erblindeten, Tränen rannen in Strömen.

Es sprach mit Ihm der König der Liebe,
der die Stimme Seines Flehens erhört hatte.

Der Vollkommene Mensch trat zu Ihm.
Die Jungfrau des Lichtes kam
und die Boten des Lichtes näherten sich im Reigen,
um Seine große Seele emporzuführen.

Über dem Haupt des Gerechten war das Wort,
das Ihn emporführte zu den Sphären des Lichtes.

Christus ist es, der Ihm entgegeneilt.

Der Gesandte des Lichtes kehrt heim.

Aus stürmischen Meeren
gelangt empor die Licht-Perle.

Wir übergeben Dir heute unsere R o s e
wie einen fruchtbringenden Baum,
auf daß sie uns ein Kranz werde,
den Du uns aufs Haupt setzen mögest.

Du hast Dich dem Feind und dem Tod übergeben,
um uns durch Dein vergossenes Blut
von den Mächten der Finsternis zu retten.

Auch wir geben uns hin für Dein Königreich.

Du hast uns alles hinterlassen,
um im rechten Geist der Wahrheit Schutz zu finden.

Du hast uns von Deinem Königreich den Spiegel gebracht,
in welchem wir das Universum schauen können.
Vergangenheit, Gegenwart und Zukunft,
alles hast Du uns erkennen lassen.

Du wurdest erlöst
von den trübseligen Fesseln des Fleisches:
Du wurdest gekrönt über all deinen Widersachern.
Das strahlende Antlitz Christi, du wirst es nun in Fülle haben.

So gehe siegreich deinen Weg zur Stadt des Lichtes.
Freue dich. Denn du hast dich mit den heiligen Engeln verbunden.
Auf dich ist gesetzt das Siegel strahlender Reinheit.

Voll Jubel bist du.
Denn du hast deine göttlichen Brüder gesehen,
mit welchen du für immer im Licht leben wirst.

Die Herrschaft des Fleisches
hast du schnell hinter dir gelassen:
Aufgestiegen bist du gleich einem flüchtigen Vogel
in den Äther der Götter.

Befreit hast du dich aus dem Seelen-Fangnetz:
Dem Hades der Toten.
So werden sie dich nicht zwingen können,
den Äonen der Finsternis zu dienen.

Auf die Erde geworfen hast du das Gewand der Krankheit.
Den anmaßenden Stolz,
der grausam und voll Täuschung ist,
hast du zertreten.

Die bitteren Pfeile der Lust,
die Mörder der Seele,
hast du nicht geschmeckt, du Makelloser.

Du hast zuschanden gemacht die Ungeheuer des Feuers.
Staunend erstarren die Flüsse des Grauens.
...
Gerufen bist du heute, mit den Engeln zu leben.
Denn du hast das Land der Toten, den Hades, verlassen.

Du hast den Ort erreicht,
wo es weder Hitze noch Kälte,
weder Hunger noch Durst gibt.

Du bist würdig des Paradieses der Götter,
die dich nicht hindern, zu jubeln
und zu lobpreisen den Allerhöchsten.

Du bist siegreich gewesen, M a n i.
Du hast den Sieg auch denen gegeben,
die ihr Streben zu Gott bewiesen haben:
Deinen Erwählten und Gläubigen
und der Seele der gesegneten Maria.

ie zwölf Apostel waren ein Kranz dem Amen.

"Laßt uns zum Olivenberg gehen,
damit ich zu euch von der Glorie des Amen spreche."

Amen antworteten sie und Er sprach ihnen von Seinem Mysterium:

"Ich wurde ergriffen und doch wurde ich nicht ergriffen.
Ich wurde verurteilt und doch wurde ich nicht verurteilt.
Ich wurde gekreuzigt und doch wurde ich nicht gekreuzigt.
Ich wurde durchbohrt und doch wurde ich nicht durchbohrt.
Ich habe gelitten und doch habe ich nicht gelitten.
Ich bin in meinem Vater, doch mein Vater ist auch in mir.

Du Vater, wünschest dieErfüllung des Amen:
So habe ich die Welt überwunden.
Doch die Welt konnte mich nicht überwinden."

Glorie dem Amen, dem Vater der Größe.

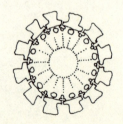

Thomas-Psalmen

ein Vater, das strahlende Licht, der Vollherrliche.

Er erweckte die Äonen des Lichtes
und erkor sie zu seiner Freude.
Er erweckte die Äonen des Friedens,
in denen es kein Schwinden noch Kleinerwerden gibt

Er rief seine Söhne und stellte sie auf
in den Äonen des Lichtes und des Friedens.

Er errichtete die Stätten des Lebens und stellte darein
lebendige Urbilder, die nimmer vergehen.

Er erweckte in der Klarheit Wolken und ließ
herniederfallen den Tau des Lebens.

Er rief auf ein heiliges Feuer
und gab ihm ein süßes Entflammen.

Er erweckte Wind und Äther,
die den Atem des Lebens bilden.

Er erweckte heilige Berge,
die ihre duftende Wurzelkraft emporsenden.

Alles lebt miteinander in Eintracht und Harmonie.
Es gibt darin kein Schwinden noch Wenigerwerden.
Alles geht auf in Freude und Herrlichkeit
und währt in Fülle bis in Ewigkeit.

*

Thomas-Psalmen

Ich weiß nicht, wie der Sohn der Finsternis
dieser Dinge gewahr wurde. Er stieg auf und sagte:
"Ich will werden wie diese!"

Wie nur hat der Sohn des Bösen sie gesehen – der Arme,
der nichts hat, keine Juwelen in seiner Schatztruhe,
keine Ewigkeit in seinem Besitz?
Er stieg auf und sagte:
"Ich will werden wie diese!"

Er ergriff die Hände seiner sieben Genossen und zwölf Helfer.
Er schaute empor in der Hoffnung,
daß einer aus dem Lichtreich herabfallen würde.

Der Vater stärkte daher all seine Engel und sprach:
"Versammelt euch und hütet euch vor dem Auge des Finsteren,
das heraufschaut!"

Doch einer der Söhne des Lichtes blickte aus der Höhe hinab
und sah ins Auge des Finsteren. Er sprach zu seinen Brüdern:

"Ihr Söhne des Lichtes, ich sah hinab in den Abgrund.
Ich sah den Sohn des Bösen, der begierig ist, Krieg zu führen.
Ich sah seine sieben Genossen und zwölf Feldherren.
Ich sah das Kriegszelt errichtet, das Feuer in der Mitte entzündet.
Ich sah die armen Teufel an Ort und Stelle über den
Krieg beratschlagen.
Ich sah ihre grausame Waffenrüstung, bereit zum Kampf.
Ich sah Fallgruben aufgestellt und Netze ausgeworfen,
um den herniederfliegenden Vogel darin zu fangen
und nicht mehr entrinnen zu lassen."

*

Thomas Psalmen

Der kleine Lichtsohn, der noch jung war unter jenen,
die in der Höhe wandeln, wartete seine Zeit ab.
Dann wappnete er sich und gürtete seine Lenden.

Der Sohn des Glanzes bewaffnete sich mit göttlichem Reichtum
und sprang mit einem Satz hinab in den Abgrund.

Er sprang und landete in ihrer Mitte, um mit ihnen zu kämpfen:
Mit dem jämmerlichen Sohn der Finsternis, seinen sieben
Genossen und seinen zwölf Feldherren.

Der Sohn des Glanzes entwurzelte ihr Kriegszelt
und warf es nieder.
Er löschte ihr brennendes Feuer.
Er fesselte die armen Teufel, packte ihre Waffenrüstung
und zerstörte ihre aufgestellten Fallen und ausgespannten Netze.
Er entließ die Fische ins Meer und die Vögel in die Luft.

Er sammelte das gewonnene Gut
und brachte es zum Land der Ruhe.

Was den Lebenden eigen war, wurde gerettet.

Sie werden alle zurückkehren zu ihresgleichen.

Thomas-Psalmen

s war ein Mensch, der weinte drunten im Abgrund:

"Weit von mir schleudern will ich diese Last
der stofflichen Welt, 'Hylä'! Fallen soll die
finstere Welt und sich nicht mehr erheben!"

Seine Klage wurde empor getragen
und aus den Höhen der Wahrheit antwortete ihm
das Heilige Wort:

"Ertrage, was ein Ausharrender zu ertragen hat, damit du
finden mögest, was ein Ausharrender findet.
Bleibe stark.
Stehe fest in dieser Stunde, du Gerechter.
Denn dem Herrscher jenes Hauses, dem Verführer
der ganzen Welt, ist nur eine begrenzte Anzahl von
Monden und Jahren in die Hand gegeben. Einmal werden sie
ihr Ende finden und die Äonen werden erfüllt sein.
Die Zahl der Jahre wird sich erfüllen und die Welt wird fallen
und sich nicht mehr erheben.
Dann wird das Licht zum Licht gehen.
Und die Finsternis wird von ihrer Stätte ausgelöscht werden.
Wer drunten der Gerechtigkeit diente, wird heraufkommen.
Die Gefangenen werden befreit werden.
Die Seelen der Gesetzlosen werden sich selbst zur Qual.
Die Menschen aber, die die Wahrheit gehütet haben,
werden zu dem emporgelangen, was sie gehütet haben."

esus grub einen Fluß in diese Welt.
Er grub ihn mit Seinem süßen Namen.
Er grub ihn mit dem Spaten der Wahrheit.
Er hob ihn aus mit der Schöpfkelle der Weisheit.
Die Steine, die er aushob, sind wie Tropfen vom Libanon.
All die Wasser in dem Fluß sind Urquellen des Lichtes.

Er setzte in den Fluß drei Schiffe.
Sie befahren den Fluß der großen Prüfung.

Eines ist beladen, das andre halb beladen, das dritte ist leer.

Das voll beladene Schiff hat nichts zu fürchten
auf seinen Reisen.
Das zur Hälfte beladene Schiff gelangt nur bis zur Mitte
und wird stranden müssen.
Das leere Schiff bleibt ganz zurück.
Wehe dem leeren Schiff beim Zeitpunkt der Verzollung!
Man wird es fragen und es hat nichts zu geben;
denn es ist nichts an Bord.
Es wird zu seinem Ausgangsort zurückgesandt werden
und erleiden, was sterbliche Körper erleiden.

Denn es wurde gerufen, aber es hat den Ruf nicht verstanden.

Thomas-Psalmen

Aus den Reihen des Königreiches ist einer der Söhne
des Lichtes in die Dunkelheit hinabgestiegen.

Ein Urbild des Lichtes wurde in den Wohnstätten der
Tiermenschheit enthüllt und offenbarte sich im Land übel-
riechender Kreaturen.
Wohlriechender Balsam verbreitete sich darin.

Die Kreaturen der niederen Welten und Archonten versammelten
sich, um diese Gestalt des Lichtes zu schauen.
Sie krochen näher und waren verwirrt wegen seiner Herrlichkeit.
Sie erhoben sich, um die Gestalt besser erkennen zu können.
Sie fielen wieder zusammen und wurden toll
wegen seiner Schönheit.
Sie stellten ihre Gutgewachsenen voran und ließen sie sprechen:

"Du bist in Frieden gekommen, Sohn der Lichter,
der du der Erleuchter unserer Welt sein sollst. Komm' und
herrsche über unser Land und gib Frieden unserer Stadt!"

So sprachen sie mit ihrem Mund, doch sie planten Böses
im Herzen:
"Laßt uns ihn in Fesseln legen und in einem Käfig eingesperrt
in unsere Welt hineinstellen, sodaß er nicht zurückkehren kann!"
...
Was die finsteren Kreaturen planten, das mußten sie endlich
an sich selbst erfahren durch die Kräfte der Lebendigen.
...
Eisenketten schlossen sich um ihre Hände und in ein Gefängnis
wurden sie eingeschlossen, weil sie Wahrheit in Lüge
verkehrt hatten.

Thomas–Psalmen

Das große Licht aber sprach:

"Nicht möglich ist es,
daß das Urbild des Lebendigen Menschen in den Wohnstätten
der Tiermenschheit zu leben vermag.
Das Licht wird zum Licht zurückkehren.
Der Wohlgeruch wird zum Wohlgeruch zurückkehren.
Das Urbild des Lebendigen Menschen
kehrt dorthin zurück,
woher es gekommen ist.
...
Die Finsternis aber wird fallen und nicht mehr aufstehen."

s gibt ein Schiff:
Sein Kiel ist die Morgendämmerung.
Sein Segel und Tauwerk sind Licht.
Seine ruhmvollen Steuerleute und seine Mannschaft
sind mit Morgenröte bekleidet.
Sie führen mit sich eine Schiffsfracht, unermeßlich:
Den Schatz des Allmächtigen.
Unerschöpflich ist dieser Reichtum der Lebenden.

Ich weiß nicht, wo und wie der Sohn der Finsternis
das Schiff gesehen hat.
Er nahm sich Räuber und schickte sie zum Schiff.
Die Räuber stürmten aufs Schiff und lenkten es aufs hohe Meer.
Sie verwundeten die Steuerleute und bedrohten die Schatzhüter.
Sie ergriffen den Schatz des Allmächtigen, den unerschöpflichen.
Sie raubten den Reichtum der Lebenden und streuten
und verschütteten ihn in ihre Welt.
Sie entnahmen Wurzeln und duftende Gräser
und pflanzten sie in ihr Land.
Sie entnahmen Perlen und Juwelen
und nagelten sie an ihr Firmament.
Gierig verschlangen sie davon und übersättigten sich.
Die Hochmütigen bemächtigten sich der Gedemütigten.
Nackt legten sie sich deren Gewänder an.
Sie banden sich deren Diademe auf den Kopf.
Die armen Kerle bereicherten sich
und rühmten sich der Dinge, die nicht die ihren waren.

Die Nachricht, daß eine Räuberbande das Schiff überwältigt
hatte, gelangte zum Allmächtigen Vater.

Thomas-Psalmen

Er wählte einen Gesandten aus der Stätte des Lebens
und sandte ihn zum Schiff mit den Worten:

"Geh dorthin, wo der Wind das Schiff hingetragen hat.
Nimm es ins Schlepptau und bringe es hierher.
Kümmere dich um die Verwundeten und richte auf die Schatzhüter.
Grabe um mit dem Spaten jenes Land
und kehre nach oben die duftenden Wurzeln.
Zertrümmere ihr Firmament
und wirf herab die Juwelen und Perlen.
Sammle den Schatz des Allmächtigen ein
und bringe ihn an Bord des Schiffes.
Entwürdige die armen Teufel, die sich fremder Dinge rühmen
und wirf das Diadem von ihren Köpfen.
Hilf dem Gerechten und pflanze deine Bäume in die Welt.
Stelle auf deine Gerechten, damit die Wahrheit Boden gewinnt."

Der Sohn der Lichter, der Gesandte des göttlichen Reichtums,
bewaffnete sich sogleich und gürtete seine Lenden.
Er sprang hinab und gelangte zum Schiff.
Er kümmerte sich um die Steuerleute und half seinen Getreuen.
Er grub auf jenes Land mit dem Spaten.
Er riß heraus die duftenden Wurzeln und nahm sie an sich.
Er zerstörte ihr Firmament
und warf die Perlen und Juwelen herab.
Er schlug den armen Teufeln das Diadem vom Kopf.
Er pflanzte seine Bäume in die Welt.
Er stellte auf die Gerechten, damit das Destillat der
Gerechtigkeit in die Höhe geführt würde.
Er befestigte das Schiff und errichtete darauf ein Bollwerk.
Er brachte es in die Höhe als Geschenk für den Allmächtigen.
Zum Land des Lichtes brachte er das Schiff.

Thomas-Psalmen

Gesandter vom Land der Lebenden.
Er kommt, um die Rebellen der Welt zu unterwerfen.
Er kommt daher mit Kraft und großem Glanz.
In seines Vaters Macht zieht er daher.
Er unterwirft die Kriegslager der Rebellen.
Er schlägt ihre Anmaßung nieder
und wirft ihnen das Diadem vom Kopf.
Er fesselt die Tyrannen der Erde
und nimmt ihrem Reich die Macht.
Er wirft sie hinab in die feurigen Brunnen.
Er verschließt diese Brunnen und löscht die Feueröfen,
damit nicht wieder Qualm emporsteige.

Er bringt das L i c h t.
Er setzt das L i c h t an seine Stätte.
Er befreit die Gerechten und verschließt die Tore des Hades.
Dem Treiben der finsteren Mächte gebietet er Einhalt.

Er ergreift die falschen Gottheiten
und entreißt ihnen ihre Fahrzeuge.
Er dämmt die unreinen Flüsse und destilliert die klaren Wasser.
Er entwurzelt die Finsternis und wirft sie hinaus.
Er breitet aus sein Lebendiges Meer und setzt seine Schiffe
darein: Die Schiffe der getreuen Männer der Wahrheit.
Die Barken der Merkur-Menschen, die den gereinigten Teil
des Lebens in die Höhe befördern.
Er heilt die Verwundeten und weckt die Schlafenden
Er gibt wieder Erinnerung denen, die vergessen hatten.
Er gibt den Augen der Gerechten das Licht,
damit sie hinaufgehen und das Lichtland erkennen mögen.

Thomas-Psalmen

Er versammelt die Versprengten
und leuchtet den Suchern in der Finsternis.

Er weist den Weg,
den der Vater der Lebenden ihm vorgegeben hat,
und er macht ihn eben.

Er ebnet den Königlichen Pfad
von dort unten bis zum Land des Friedens.

Er macht gehbar den Königlichen Weg,
damit die Gerechten darauf gehen
und das Land des Lichtes finden können.

Dort wird ihnen strahlende Klarheit verliehen.
Ein leuchtendes Diadem wird auf ihre Stirn gebunden.
Sie werden gezählt zur Zahl der Engel.

Er pflanzt ein für die Menschen den Baum des Lebens.
Er ruft seine Geliebten und verfügt,
daß sie die Saat reinigen,
den Sprößling pflegen
und die Früchte auf die Schiffe bringen sollen.

Daher werden eure Seelen an Bord der Lichtschiffe gebracht.

Thomas-Psalmen

Der Große an Herrlichkeit fragte und prüfte mich:

*"Oh, Gerechter, der du kommst von der Welt der Materie,
wie sieht sie aus? Wie ist es dir ergangen?"*

Ich gab zur Antwort:

*"Die Welt, von der ich komme, ist voll von Bosheit,
Neid, Haß und Streit.
Sie töten sich alle gegenseitig
und zerstören ihr Fleisch mit dem Schwert.
Dort ist Zeugung, Empfängnis und Tod.
Eine Kreatur stößt die andere nieder.
Hingestreckt liegen sie auf ihren Gesichtern.
Nicht gewendet sind ihre Gesichter zum Land des Lichtes.
Sie nehmen stetig zu an Bosheit
und kümmern sich nicht um das Land der Lebenden."*

*"Ehe das Böse so sehr zunahm, oh Gerechter, wie ging es da
in der Welt? War der 'Lichtschatz' ihnen eine Hilfe?"*

*"Der 'Lichtschatz' war für alle eine Hilfe
durch den Geist der Wahrheit."*

*"Wie konntest du nur inmitten der Welt leben,
als die Bosheit darin schlimmer und schlimmer wurde?"*

*"Als das Böse immer schlimmer wurde,
hob ich meine Augen empor zum Land des Lichtes.
Von einem Deiner Lebenden wurde gesagt:*

'Gesegnet, wer seine Seele erkennt.'

Darum bin ich besorgt um meine Seele,
daß sie nicht schwach wird und in die Irre geht
und selbst böse wird.
Denn diese Welt wird vernichtet werden
und ihre Werke werden mit ihr zugrunde gehen."

Darum, du Auserwählter,
hebe auch du deine Augen zum Land des Lichtes empor!

Du wirst dort, außerhalb dieser Welt,
den Freund der Gerechten finden.

Du wirst den König aller Herrlichkeiten sehen,
von dem jede (reine) Seele ihren Ursprung nimmt.

Es ist der Baum des Vollkommenen Lebens,
der Macht hat über alle, die Ihn anrufen:
Auf daß er Seine Getreuen hinüberführe zum Land des Lichtes.

Thomas-Psalmen

Jene, die nicht zum Hause meines Vaters gehören,
erhoben sich, um gegen mich Krieg zu führen.
Sie kämpften gegen mich,
um mein heiliges Gewand zu erbeuten,
mein strahlendes Licht, auf daß es ihre Finsternis erhelle.

Sie stritten um meinen süßen Wohlgeruch,
damit er ihren Unrat weihräuchere.

Sie stritten wegen meiner Brüder, den Söhnen des Lichtes,
damit jene etwas von ihrem Frieden an sie abgäben.

Sie stritten wegen meiner Schwester, der Stunde des Lichtes,
auf daß sie deren Bauwerk festige.

So entwich ein Teil meines Lichtgewandes
und erhellte ihre Dunkelheit.
Mein süßer Wohlgeruch entwich
und weiräucherte ihren üblen Geruch.
Meine Brüder gingen hinab und gaben ab von ihrem Frieden.
Meine Schwester, die Stunde des Lichtes, ging
und festigte deren Bauwerk.
...
Die armen Teufel nahmen die Waffen gegen mich
und führten gegen mich Krieg.
Sie schrien sich heiser wie Männer,
die ein ganzes Heer unterwerfen wollen.
Sie zogen das Schwert gegen mich,
als wollten sie einen Löwen töten.
Sie spannten ihre Bogen gegen mich wie Räuber.
Unablässig führten sie gegen mich Krieg.

Thomas-Psalmen

Sie krochen und schlichen heran, bis sie einen Wall um mich
errichtet hatten. Sie stellten Wachen auf, die mit einer
Glocke herumlaufend Kriegsglück schreien mußten. Sie dachten,
daß ich ein Mensch wäre, den niemand suchen würde.

Ich aber sah empor zu meinem Vater, daß er mir Hilfe brächte.
Ich hielt Ausschau nach meinen Brüdern,
damit sie kommen und mich aufspüren möchten.

Mein Vater sandte mir Hilfe.
Meine Brüder kamen herab und wurden eins mit mir.
Durch einen einzigen Ruf, den sie aussandten,
schwankte die Mauer und stürzte zusammen.
Die armen Teufel rannten in die Finsternis.
Ein Zittern ergriff ihre Archonten.

Ich aber sprach zu meinen Brüdern:
"Haltet inne zu dieser Stunde!"
Ich besänftigte sie, damit sie nicht alles auf einmal zerstörten.
Denn ich wartete auf mein Lichtgewand:
Bis einer kommen würde, der es zu tragen vermag.
Ich wartete auf mein strahlendes Licht,
bis es sich von ihrer Finsternis abstreifen würde.
Ich wartete auf meinen süßen Wohlgeruch,
bis er zu seinem Ort zurückkehren würde.
Ich wartete auf meine Brüder, die Söhne des Lichtes,
bis sich ihr geistiges Abbild in der Zeit erfüllt hätte.
Ich wartete auf meine Schwester, die Stunde des Lichtes,
bis sie ihre Verstümmelung von sich werfen würde.

Thomas-Psalmen

Sobald also mein leuchtendes Gewand kommt
und den kleidet, der es zu tragen vermag, –
sobald sich mein süßer Wohlgeruch trennt von ihrem Gestank,
sobald meine Brüder in ihrem Zeitalter vollkommen sind,
sobald meine Schwester, die Stunde des Lichtes, heraufkommt
und das Land des Lichtes wieder erblickt:

D a n n werde ich meinen Fuß auf die Erde schlagen
und ihre Finsternis versenken.
Dann wird mein Haupt ihre Überheblichkeit zerschmettern.
Dann werde ich ihr Firmament schütteln
und die Sterne herabfallen lassen wie Hagel.
Dann werde ich die Finsternis entwurzeln und hinauswerfen
und an ihrer Stelle das Licht einpflanzen.
Dann werde ich das Böse ausrotten und hinauswerfen
und an seiner Stelle das Gute wachsen lassen.

Die Welt wird voller Herrlichkeit sein.

Die Erde wird ohne Mißtrauen noch Zweifel sein.

Die ganze Welt wird in Gerechtigkeit und Frieden leben.

Kein Wort der Sünde wird mehr gesprochen werden.

Überall werden die Lichtträger voll Freude sein.

Was dem Leben eigen ist, wird gerettet sein.

Die Lebenden werden zurückkehren zu ihresgleichen.

𝕴ch rannte und sie rannten hinter mir her.
Sie verfolgten mich durch die ganze Welt.

Mich umwendend rief ich den armen Kerlen zu, die mich verfolgten:

"Geht fort, ihr von der dunklen Sieben! Kümmert euch um eure
Schlingen! Geht fort! Sinkt hinab in den Wahnsinn und fallt
ins Feuer, das entzündet ist!
Ich bin keiner von den Söhnen dieser Welt,
daß ich in eure Fallgruben fallen und gefangen würde!
Ich bin ein Sohn der Lebenden,
eine Lampe reinen Lichtes."

So lief ich und lief, bis ich das Ufer des Euphrat erreichte.
Am Ufer des Euphrat saß ein Jüngling und machte Musik.
Ein Jüngling saß dort und machte Musik im Duft des Lebens,
der ihn umgab.

Er sprach:

"Dein Herz sei dir ein Berg!
Dein Bewußtsein erwachse dir zum Lebendigen Geist!
...
Die Lebenden haben mich zu dir gesandt..."

Die Lebenden hatten wahrlich einen Boten nach mir gesandt.
Der faßte mich bei der Hand
und führte mich empor ins Land des Friedens.

Thomas-Psalmen

er 'Kleine' macht Musik bei Nacht.
Er singt sein Spottlied auf die vergänglichen
Erscheinungen der Hylä.

"Oh Welt, man sagt, daß deine Finsternis und dein Feuer
vergehen und immer wieder kommen.
Man sagt, daß deine Sphären vernichtet und vergehen werden.
Man sagt, daß die Fürsten deines Reiches,
Schöpfung und Schöpfer deiner Welt
vernichtet und vergehen werden."

So macht der 'Kleine' Musik bei Nacht.
Und die Hylä antwortet ihm mit einem Wort:

"Oh Kleiner, der du Musik machst bei Nacht,
zu meiner Welt gehörst d u   nicht!"

Und der K l e i n e spricht:

"Wohl bin ich i n dieser Welt;
doch von jetzt an werde ich nicht mehr aus ihr leben.
Ich habe die Welt geprüft und erkannt,
daß darin kein bißchen wahres Leben ist.
Seitdem ich sie erkenne, haßt sie mich, die ganze Welt.
So schüttle ich diese Welt von mir.
Was habe ich zu schaffen mit deinem Verderben, oh Hylä?
Sollen sie sich quälen, die obersten Herrscher
und gerechnet werden zum Los der Vernichtung.

Doch du, mein Herz, erinnere dich ans Haus deines Vaters.
Ich will gehen zur Wohnstätte der Lebenden,
zum Haus meines Vaters,
hinweg vom Land derer, die mir fremd sind!"
...
Und ich eile hinweg.
Sie rennen hinter mir her,
bis ich das Land der Lebenden erreichen würde.
...
Ich kniee nieder. Ich sitze. Ich stehe auf.
Ich gehe meinen Weg, ich, der Lebende,
gehe fort von jenen, die mir fremd sind.
Ich, der die Wahrheit liebe, werde hinaufsteigen,
bis ich das Land der Geheiligten erreicht habe.
...

Und als ich das Land der Lebenden erreicht hatte,
öffneten sich vor mir die Tore
und brachten ihren Glanz hervor.
Die Lebenden legten mir das Lichtgewand an.
Sie setzten mir den Kranz der Überwindung aufs Haupt.
Die Lebenden gaben mir einen Platz in ihrer Mitte.

Thomas-Psalmen

eine Brüder, liebet mich mit euren Herzen.
Suchet mir nicht mit euren Lippen zu gefallen.
Die Kinder, die nur mit der Lippe reden,
werden ausgerottet.
Die Kinder des Herzens werden bleiben.

Seit nicht wie der Granatapfel.
Seine Schale ist schön, doch innen ist er voll Vergänglichkeit.

Meine Kinder, ihr seid nicht heilsam genug gewesen.

Seid nicht wie Leichengräber.
Außen sind sie weiß, doch innen sind sie voll Aas.

Seid nicht wie Pferdesattel.
Sie tragen schöne Ornamente, doch sie sind tote Haut.

Meine Kinder, ihr seid nicht heilsam genug gewesen.

Suchet mir nicht mit euren Lippen zu gefallen.
Die Kinder der Lippe werden ausgerottet.
Die Kinder des Herzens werden währen.

Ich wünschte, ihr wäret wie ein Krug voll Wein,
der fest auf dem Boden steht:
Außen ist er nur gebrannter Lehm,
doch innen ist er voll duftenden Weines.

Thomas-Psalmen

u, der Du die Gerechten auserwählst,
all Deine Söhne suchen Dich.
Deine Geliebten harren auf Dich täglich.
Deine Schüler erforschen Dich
und suchen nach Deiner Gestalt in ihrer Mitte.

Ich machte mich daran, einen Garten zu pflanzen,
außerhalb der Grenzen dieser Welt.
Ich setzte darein die Pflanzen, die unter den Lebenden wachsen.
Dem Gärtner gab ich den Auftrag:

"Kümmere dich um meine Bäume, die jungen Schößlinge!
Daß sie weder schlafen noch schlummern,
noch den Auftrag vergessen, der ihnen gegeben worden war.
Denn die Jahre ziehen vorüber wie Monde
und die Monde fliegen vorbei wie Augenblicke."

Diese Körper sind Behausungen, die nur auf Pacht
gegeben sind.
Die Jahre sind nur als Anleihe genommen.
Nicht um der Körper willen tut es mir im Herzen weh,
doch um den Schatz der Lebenden, der in ihnen wohnt.

Wie verlange ich danach, daß die Lebenden mir Hilfe
schicken werden!
Ja, die Lebenden, meine Brüder,
sie werden Kraft und Licht herniedersenden.

Thomas-Psalmen

Die Mutter dieser Welt, die 'Hylä', spricht:

"Ich vernahm den Ruf eines Heilers, der alles
Unreine austreibt. Oh Heiler, binde mich los,
    der Du auf wunderbare Weise zu befreien weißt!
Heile und erlöse mich! Denn Deine Heilkunst ist nicht von
dieser Welt. Sie ist vom Land der Lebenden."

"Wie soll ich dich heilen, oh Hylä, Mutter dieser Welt?
Bin ich doch der Arzt, der wahrhaftig heilt.
Du aber bist der Krankmacher, der verwundet.
Ich bin, der besänftigt und emporhebt.
Du aber bist der Schläger, der niederstreckt.
Du bist die bittere Wurzel.
Was hast du mit dem Land des Lichtes zu schaffen?"

"Wenn du mich nicht heilen und erlösen willst,
auch nicht einen einzigen Tag, noch eine einzige Stunde, -
dann werde ich meine totenstillen Pfeile nehmen
und sie von einem Weltenrand zum anderen schießen,
um die Menschensöhne damit zu verwunden.
Ich werde ihnen sagen,
daß dort, wo der Tod ist, auch das Leben sei.
Und wo dieses Leben sei, dort sei auch das Land der Wahrheit."

"Keinen einzigen Tag, keine einzige Stunde
will ich dir Erlösung gewähren.
Denn alles, was an einem Tag oder zwei verendet,
wird auch in zweiundzwanzig oder vierundvierzig
Jahren verendet sein.
Und alles, was in drei Tagen verendet,
wird auch ausgelöscht sein am Ende der Welt.

Thomas-Psalmen

Ein Ochse, der mit verkümmerten Hörnern im Stall steht,
wer soll ihn kaufen?

Der Mensch, der die Augen zudrückt mit seinen Fingern,
wer soll ihn sehen lehren?

Er wird erleiden, was der Kadaver erleidet.

Denn ihm wurde ins Ohr gerufen,
aber er wollte nicht hören."

Der Löwe raubte meine schöne Tochter.
Zusammen mit dem großen Drachen
schleppte er sie in seinen Bau.
Mit Brüllen und Zischen versammelten sie
all ihre Gefährten um sich.
Und immer noch quälen sie meine Tochter,
auf daß ihre Kräfte schwinden sollten.

"Dich rufe ich an, mein Vater, dessen Lichtgewand
auf dem Universum liegt:
Wenn ich dem Löwen und dem großen Drachen unrecht getan
habe, dann lasse sie m i c h in ihrem Bau verschlingen.
Doch wenn ich ihnen nicht unrecht getan habe,
so befreie meine Tochter vom Löwen und dem Drachen.
Trage sie zu Dir, dem Vater, empor.
Zum Lichtgewand, das auf dem Universum liegt."
...(Mein Vater erhörte mich und sandte mir seine Kraft.)
Mit seiner Hilfe gelang es mir, alle Vorposten niederzuwerfen
und alle Fangnetze zu zerreißen.
Ich öffnete ihre Höhle und stürzte mich hinein.
Ich unterwarf den Löwen und den großen Drachen.
Und ihre Gefährtin, die Schlange, fing ich im Netz.
Ich befreite meine Tochter und erhob sie hoch über alle.
Ich zielte auf ihr Folter-Rad, bis ich es zersplittert hatte.
Den Löwen und Drachen warfen wir aus dem Universum hinaus.
Und es kam der Augenblick, wo wir ins Land der
Gerechten zurückzukehren begannen.
Meine Tochter wird jubeln und sie werden kommen, um sie zu
begrüßen und als Braut ins Brautgemach zu führen.

Thomas-Psalmen

er Schrei von P a m o u n, dem heiligen Ochsen,
sein Schrei um Erbarmen brachte die Welten zum Weinen:

"Was haben die Geschlechter mir angetan!
Wem haben mich die Menschensöhne ausgeliefert!

Sie nahmen die Doppel-Axt
und fällten dicke und dünne Bäume im Morast.
Aus den dicken machten sie einen Pflug.
Aus den dünnen machten sie einen Stachelstock.
Sie brachten die Bäume zum Handwerker
und ließen ein Joch daraus formen.
Sie befestigten das Joch auf meinem Nacken.
Sie hakten den Pflug ein und hängten ihn hinter mich.
Sie durchbohrten meine Flanken mit dem Stachelstock.
Sie lieferten mich aus an die Schlächtersöhne.
Der Ochsenmäster mästete mich.
Der Schlächtersohn zerhackte mich.
Sie zerstreuten meine Stücke draußen.
Auf den Märkten hängten sie mich auf unterm Pöbel.
Meine Knochen warfen sie den Hunden vor.

Oh, befreit mich doch von all diesem!"

Darauf antworteten die Lebenden von der Höhe:

"Schlage nicht aus, oh P a m o u n Ochse!
Schüttle nicht ab die Last, die auf dir liegt!
Wir werden dich setzen auf den Platz
der Lebendigen Seele und die Geschlechter
werden durch dich vergehen.
Alles, was sie dir angetan haben, werden sie sich selbst antun.
Jene aber, die den Geringsten meiner Brüder Erbarmen zeigten,
werden befreit sein vom Tag des Großen Gerichtes."

141

Thomas-Psalmen

Laßt uns zusammenkommen, meine Geliebten!
Denn eine volle Tafel ist uns bereitet im Haus der
Seelen, damit sie nicht länger umherirren müssen.
Damit sie nicht ausgelöscht und vernichtet werden
in der Welt, die voller Habgier ist.

Oh Mensch, der du solch Reichtum in deinen Händen trägst,
warum willst du noch schlummern in deinem Schlaf?

Warum willst du nicht die Nacht für dich in drei Teile teilen?
Schlafen in einem Teil,
wachen im anderen Teil
und im dritten Teil mit dem Denkvermögen
der Lebenden Seele gründlich überlegen?

Warum willst du nicht aufstehen,
noch ehe der Tag dich streift mit seinen verderblichen Schwingen,-
um die Kräfte des Lebens zu preisen und zu verherrlichen?

Warum erhebst du dich nicht, noch ehe der Tag dich trifft
mit seinen darin ausgestreuten Drogen?

Warum erhebst du dich nicht beizeiten,
noch ehe der Richter das Wort des Anklägers vernimmt
und sie dich in Ungnade entlassen
und hinabschicken zu den Toten?

Thomas-Psalmen

ch gelangte zum Tor des Gartens der Lebenden.
Der Duft der Bäume strömte mir entgegen.
Ich erhob mein Antlitz und sprach:

"Wer läßt mich für zehn Silberlinge in den Garten hinein?
Zwanzig Silberlinge! Wer will sie und läßt mich ruhen
im Schatten des Gartens?
Dreißig Silberlinge! Wer will sie und läßt mich stehen
in des Gartens Mitte?
Ein volles Hundert Silberlinge! Wer will sie von mir,
damit ich gewürdigt werde,
einer von den Lebenden im Garten zu sein?"

Da kamen sie vom Hügel der Wahrheit und sprachen zu mir:

"Was willst du mit deinen zehn, zwanzig, dreißig, hundert
Silberlingen und stehst am Tor des Paradieses?
Laß dich dafür peinigen von deinen Feinden.

Doch wenn du heilige Enthaltsamkeit zu üben verstehst,
sollst du in den Garten eintreten.
Wenn deine Augen frei sind vom Glanz des Bösen,
werden sie dich im Schatten des Gartens sitzen lassen.
Wenn dein Mund die reine Wahrheit spricht,
werden sie dir ihr Urbild zeigen.
Wenn deine Hände rein sind von allem unrechten Tun,
werden sie deinem Bitten nachgeben.
Wenn dein Herz stark genug ist, werden sie dir Gehör schenken
und dich in ihrer Mitte aufnehmen.
Wenn deine Füße den Pfad der Wahrheit bewandeln,
werden sie dich zu einem der ihren machen.
Wenn du all diese Dinge in Wahrheit erfüllst und nicht schläfst,
so magst du hinaufgehen und das Land des Lichtes schauen.

ie schleppten mich, eines Königs Sohn,
von Tempel zu Tempel.
Sie nahmen mich
und warfen mich in zwei Flüsse.

Die zwei Flüsse trugen mich mit sich
und warfen mich hinein ins Große Meer.

Sieben lange Jahre verbrachte ich darin
und empfing meine Nahrung aus diesem Meer.

Am Ende der sieben Jahre wurde ich, der Kleine,
an die Küste geworfen, damit ich an Land käme.
...
Als ich jene sah, die herbeieilten, um mich aufzunehmen,
weinte ich vor Freude...

Thomas-Psalmen

Aus meinem Herzen kommt hervor der Weinstock.
Der Weinstock, der hervorwächst aus dem Leben.
Sein Duft ist lieblich, süß ist sein Geschmack.
Seine Trauben werden geerntet und gekeltert.
Wie gut ist der herausgepreßte Wein:
Voll an reiner Weisheit.

Wer davon trinkt,
dessen Auge seines Hauptes wird strahlen.
Der Gedanke in seinem Herzen wird stark.
Ja, stark wird der Gedanke in seinem Herzen.

Er erinnert sich des mächtigen Weingärtners,
der den Weinstock gepflanzt hat.

𝔚isse, daß es der Erden Sieben sind.

Der Lebendige Geist

gleicht einem Kämpfer,   .

der zu einem gefangenen Königsohn geht

und ihn aus den Händen seiner Feinde befreit.

er erste Tag ist unser Vater, der wahre Mensch.

Von der Zeit an, wo der Urmensch hinabstieg
in den Abgrund der Finsternis und darin ertrank,
wurde der Lebendige Geist entsandt, der hinabging
und ihn heraufgeholt hat.

Nachdem der Urmensch wieder heraufgekommen war,
ordnete der Vater des Lebens und der Große Geist
die Schöpfungen und die Welten, die oberen und die unteren.

Immer wieder kam der herrliche Gesandte,
setzte sich ins Schiff des Tages,
zeigte seine verherrlichte Erscheinung
und läuterte das Licht aus allen Dingen.

Er wandelt über den Himmeln bis zur Stunde,
wo die Welt aufgelöst werden wird,
wo alle Dinge vernichtet werden
und das Große Feuer entzündet werden wird:
Dann wird die 'Letzte Licht-Statue' heraufkommen.

er zwölfte Richter ist die große Gedankenkraft,
die 'Rufen' und 'Hören' zugleich ist
und sich im reinsten Element befindet.
Sie wird die Trennung vollziehen zwischen 'Gut' und
'Böse'.
Am Ende der Welt wird sie sich selbst einsammeln
und in der 'Letzten Licht-Statue' formieren.
Sie wird das Licht von der Finsternis trennen.

...

Dies sind die zwölf mächtigen Richter, die entsandt worden
und herausgekommen sind aus dem Großen Dreizehnten,
der größer ist als alle:
Der verborgene Vater, der Unermeßliche,
der befestigt in den Äonen der Größe
als König auf dem Thron der höchsten Ehre thront.

Darum sage ich zu euch, meine Geliebten:

Wandelt mit wahrhaftigem Herzen auf dem Weg der Gerechtigkeit.
Bleibt ausgerichtet auf das wahre Rechte
und unterscheidet in heiliger Übung.
Möge ein Bruder mit seinem Bruder in Wahrheit sprechen,
damit ihr zur Stunde, wo ihr heraufkommen
und den Sieg von den zwölf großen Richtern empfangen werdet,
an dieser Friedensstätte zum Frieden gelangt auf ewig.

Unter den Söhnen des Lichtes herrscht niemals Uneinigkeit.
Auch wird keiner von ihnen jemals das Gebot übertreten,
das ihm von seinem Bruder gegeben wurde.

Die Welt der Finsternis dagegen verurteilt sich selbst
und setzt sich außer Kraft, da sie es ist,
die immer wieder Spaltung verursacht.
Sie ist in sich selbst gespalten.
Das ganze Reich ist in sich selbst gespalten.
Auch die Mächte, die ihren Abgrund verlassen und empor
zu gelangen trachten, verurteilen sich selbst durch die
Spaltung, die unter ihnen herrscht.
Die Finsternis wird vernichtet,
ihre Mächte werden unterworfen werden.
...
Da die Gefährten des Mysteriums zusammenstehen,
überragen sie das Reich, das ihnen in Spaltung entgegentritt.

Das Reich, dessen Genossen gespalten sind,
verurteilt sich zwangsläufig
und gerät in die Hand des Reiches,
das ihm in Einheit gegenübersteht.

So auch ihr:
Wenn ihr euch festigt und alle einmütig in der
Lebendigen Wahrheit zusammenhaltet, die euch geoffenbart wurde,
so werdet ihr a l l e, vom Kleinen bis zum Großen,
die euch entgegentretende Macht der Sünde besiegen.

Spaltet euch nicht! Weder am Anfang noch am Ende.
Und ihr werdet Diesseits und Jenseits besiegen
und alles unter eure Füße bringen,
das Gegenwärtige und das Zukünftige.

Ertraget die Verfolgungen.
Bleibt stark in den Versuchungen, die über euch kommen werden.
Festigt euch in den Geboten, die ich euch gegeben habe.
Nur so entrinnt ihr dem Zweiten Tod und entkommt den
letzten Fesseln, in der es keine Lebenshoffnung mehr gibt.

Ihr entrinnt damit dem schlimmen Ende der Leugner und Lästerer,
die die Wahrheit mit Augen gesehen
und sich dennoch von ihr abgewendet haben.
Sie werden an den Ort der Strafe gelangen,
an dem es keinen Tag des Lebens mehr geben wird.

Denn das Strahlende Licht wird sich vor ihnen verbergen
und sie werden es nicht mehr sehen von dieser Stunde an.

Luft und Wind werden ihnen entzogen werden
und so werden sie keinen Lebensatem mehr empfangen.

Wasser und Tau werden von ihnen hinweggenommen
und sie werden es nicht wieder schmecken.

Heil denen, die dem Ende der Leugner entrinnen werden,
das jenen im Verborgenen bevorsteht.

er Erste Tod stammt aus der Zeit,
wo das Licht in die Finsternis fiel
und sich mit den Archonten der Finsternis vermischte,
bis zu jener Zeit, wo das Licht von der Finsternis
herausgeläutert und getrennt wird durch das Große Feuer.

Das herausgeläuterte Licht wird sich formieren
und die Letzte 'Licht-Statue' bilden.

Der Zweite Tod dagegen ist der Tod,
durch den die Seelen der sündigen Menschen sterben,
wenn ihnen das strahlende Licht, das die Welt erleuchtet,
entzogen wird.

Sie werden vom Lebendigen Äther abgetrennt,
durch den der Atem empfangen wird;
und sie werden ganz von der Lebendigen Seele getrennt werden.

Sie werden außerhalb der Letzten 'Licht-Statue'
zusammengefegt und in einem Klumpen gebunden werden.

Der Erste Tod ist ein zeitlicher.
Der Zweite Tod dagegen ist ein endloser.

Jeder Mensch steht und verharrt,
wo er sich selbst hingeführt.

Jeder Mensch ist ein Nachfolger seiner eigenen Werke.

So geht er und kehrt wieder
und bereitet aus seinen Taten sein Schicksal,
bis der Richter kommt und das Ende der Welt.

Doch zur gegenwärtigen Stunde
ist kein Menschenwesen wahrhaft tot.

ies sind die sieben Tore des Körpers:

Die Öffnungen des Sehens,
die Öffnungen des Hörens,
die Öffnungen des Riechens
und die Öffnung, welche die Worte aussendet.

Viele Wächter sind über die Organe des Körpers gesetzt
und bewachen seine Tore.
Außerdem ist noch die Schläue im Körper,
die Königin des ganzen Lagers,
die öffnet und schließt, wenn s i e will.

Wenn nun der Geist des Lichtes kommt
und sich den Toren des Körpers nähert,
pflegen die Wächter der Tore
ihn am Hereinkommen zu hindern.
Stark stellen sie sich rings um den Körper auf,
damit das ihnen Fremdartige nicht hineingehe.

Das Geistige Licht aber, in seiner Weisheit und Stärke,
demütigt die Wächter an den Toren des Körpers.
Es nimmt die Riegel von allen Toren hinweg.

Und die Tore, die sich vorher allein den Vorstellungen
der Begierde geöffnet hatten,
sie tun sich nun auf,
um alles Gott Wohlgefällige aufzunehmen.

Vorher herrschte die Sünde im Körper
und tat alles, was sie wollte, ohne einen Gebieter.
Jetzt aber ist die Vollmacht von ihr hinweggenommen.
Der Lebendige Geist wird Herr über alle Glieder des Körpers.

Er fesselt sie mit der Fessel des Stillewerdens.
Er versiegelt sie mit dem Siegel der Wahrheit.
Er tut auf die Tore für das Allein-Gute.
So kommt das Allein-Gute zu den Ohren und Augen hinein
und läßt sich im Herzen nieder.
Und es geschieht der Wille des Lebendigen Geistes.

Daher sage ich euch, meine geliebten Brüder:

Festigt euch rings um die sieben Tore des Körpers
mit Weisheit und Kunst,
damit die Sünde im Körper nicht über euch herrsche,
noch euer Licht von euch nehme
und es auf vielerlei Art zerstreue oder zersplittere.

Werdet Menschen, die w a c h und gefestigt sind in der Wahrheit!

Seid bereit von All zu All,
damit euch am Ziel Friede zuteil werde,
dessen Zeichen und Hoffnung ihr bewahrt habt.

Die Sonne ist das Tor des Lebens
und das Fahrzeug des Friedens
zum Großen Äon des Lichtes.

Als Satan erkannte, daß sie das Tor ist für das Entweichen
der Seelen, erließ er das strenge Gebot, daß keiner
die Sonne verehren sollte:
"Wer die Sonne verehrt, muß sterben!"
Und er nannte die Sonne das Verderbliche Licht.
So wollte er die Seelen daran hindern,
ihr Antlitz frei dem Licht zuzuwenden.
So ließ er die Seelen das Licht ihres inneren Wesens verleugnen.

Nun sind die Menschen allen Dingen gegenüber blind geworden.
Sie erkennen nicht mehr die wahre Bedeutung dieses mächtigen
Erleuchters. Sie haben die Gnade dieses Lichtes, das sie erhellt,
verleugnet. Sie haben seine Göttlichkeit nicht erkannt und auch
das Gute nicht begriffen, das es ihnen tut, wenn es in die
Welt kommt und sie erhellt.

Seht, wie groß die Liebestaten sind, die die Sonne
dem Menschen erweist!
Täglich, wenn der große Erleuchter sein Licht erstrahlen läßt,
erweist er den Menschen sieben Wohltaten,
aber sie begreifen sie nicht:

Die e r s t e Wohltat ist, daß sie mit ihrem strahlenden
Licht die Augen aller Menschen öffnet.
Sie nimmt von ihnen die Blindheit der Nacht.

Die z w e i t e Wohltat ist: Zur Stunde, wo sie in die Welt
kommt, bringt sie Schweigen und Frieden in die Welt.
Sie nimmt bei ihrer Ankunft Furcht und Zittern hinweg, von
denen das Herz voll war bei Nacht. Denn sie fegt mit ihrem
Licht die Finsternis hinweg. Ihre Ruhe vertreibt die Angst.

Die d r i t t e Wohltat ist: Wenn sie in die Welt kommt,
erheben sich die Menschen vom Schlaf und erwachen.
Selbst die Nachtwächter überlassen das Wachen dem Licht,
das nun über ihnen in der Welt erstrahlt.

Die v i e r t e Wohltat ist: Sie zieht herauf und gibt Kraft,
Geschmack und Geruch den Früchten, Blumen und Gräsern
der ganzen Erde.

Die f ü n f t e Wohltat: Sobald sie in der Welt erstrahlt,
kriechen die Schlangen und scharfzahnigen Tiere der Bosheit
in ihre Höhlenverstecke.

Die s e c h s t e Wohltat: Sobald ihr Licht erstrahlt, beruhigen
sich die Wunden der Menschen vom Schmerz. Ihr Licht schmilzt
die bösen Zauberkünste der Übeltäter hinweg.

Die s i e b t e Wohltat: Sie offenbart und enthüllt der Welt
das leuchtende Symbol der Licht-Äonen, aus welchen sie hervorgegangen ist, indem sie als ein A b b i l d in dieser Welt
die ganze Schöpfung leuchten läßt.

Wie ich euch die Sonne mit ihren sieben Wohltaten offenbart
habe, so höret nun auch die Unterweisung über die Nacht
mit ihren sieben Übeltaten:

Die e r s t e Übeltat der Nacht ist ihre Finsternis, mit der
sie die ganze Welt erfüllt. Wenn die Sonne aus der Welt ihre
Strahlen einzieht, breitet sich der Schatten der Nacht über
die Welt aus: Die Augen der Menschen füllen sich mit
Dunkelheit. Nichts können sie mehr sehen noch erkennen.

Die z w e i t e Übeltat der Nacht ist ihr Schrecken. Denn sobald
sich ihr Schatten offenbart, bedeckt Schrecken und Zittern die
Menschen und die Welt füllt sich mit Nacht.

Die d r i t t e Übeltat: Sobald es Nacht wird, geraten die
Kreaturen in Aufruhr. Sie rebellieren in ihren Herzen und
ersinnen Verderbliches.

Die v i e r t e Übeltat: Die Last des Schlafes legt sich auf
die Geschöpfe. Sie fallen nieder vor Müdigkeit und gleichen
in der Nacht den Leichen.

Die f ü n f t e Übeltat ist ihre Häßlichkeit: Sobald die Nacht
kommt, verbirgt sich das Bildnis der Menschen in der Finsternis
und die Schönheit von Mann und Frau kann sich nicht offenbaren,
da sie über alle Bilder Finsternis ausbreitet.

Die s e c h s t e ist, daß die übelgesinnten Menschen zur
Nachtstunde herauskommen, um Übles zu tun: die Hurer, die
Räuber und die Giftmischer. Die wilden Tiere und die Schlangen
der Bosheit kommen aus ihren Höhlen und wandeln in der Nacht.

Die s i e b e n t e ist: Die Nacht offenbart das Symbol ihres
Vaters der Finsternis, aus dessen Wesen sie hervorgegangen
ist. Denn aus der ersten Finsternis ist die Nacht geboren und
entlarvt sich in der Welt.

Seht an die Nacht, den Schatten der ersten Finsternis: sie
ist festgeheftet und gebunden an alle Dinge droben und drunten.

Doch die Menschen erkennen nicht, was diese finstere Nacht
in Wahrheit bedeutet, woher ihr Wesen stammt und daß alles
Böse in ihr mächtig ist.

*

Viele Ansichten hat die Sonne:

Da ist ihr Licht, mit dem sie die Welt und alle Geschöpfe
in ihr erleuchtet.
Da ist ihre Schönheit, die sie über alle Geschöpfe strahlend
ausbreitet.

*Da ist ihr Friede. Denn sobald sie die Welt erleuchtet, empfangen
die Menschen ihren Gruß. Und sie geben den Friedensgruß
untereinander weiter.*

*Da ist das Leben der Lebendigen Seele, welche die Sonne aus
allen Fesseln und Banden erlöst.*

*Sie gibt den Elementen Kraft und dem ganzen Licht-Kreuz gibt
sie Geruch und Geschmack.*

*So wie ihr Licht leuchtender ist als alle Lichter in der Welt,
so ist auch ihre Schönheit mächtiger als alle Schönheit der
Menschen. Ihr Friede überwindet alle Mächte der Welt.*

*Die Erlösung, mit der sie die Lebendige Seele erlöst, bedeutet
einen "Großen Tag mehr" (unendlich viel mehr) als alle andren
Erlösungen.*

*Die Kraft, die sie den Gliedern (der Seele) gibt, ist stärker
als alle andren Kräfte.*

*

*Es gibt noch drei weitere Ansichten der Sonne, was das
Mysterium ihrer ersten Größe betrifft:*

*Da ist die Füllung ihres Schiffes. Denn das Rund ihres
Schiffes ist allzeit gefüllt. Es nimmt nicht ab wie das Schiff
des Mondes. Diese Fülle offenbart das Mysterium des Vaters
der Größe, aus dem alle göttlichen Mächte hervorkommen.
Unantastbar vermindert sie sich niemals.*

*Ihr Licht übertrifft das Licht aller Sterne und Lichter in der
Welt, übereinstimmend mit dem Mysterium des Lichtes vom Vater.
Denn Sein Licht ist mächtiger als das Licht Seiner Äonen.*

*Die Sonne steht hoch über Allem.
Sie überstrahlt die Gipfel der Berge auf der Erde, entsprechend
dem Mysterium des Vaters der Größe. Denn Er steht höher als
alle Bewohner Seines Licht-Landes.*

Er steht über allen Höhen und Bergen Seines Licht-Landes.
Er ist zu aller Zeit und aller Stunde die höchste Fülle
an Gestalt, von Ewigkeit zu Ewigkeit.

Das Mysterium des Lichtes und das Mysterium der Finsternis
werden täglich in der Schöpfung geoffenbart.

Doch die Menschen in ihrer Verirrung können es nicht erkennen.
Sie können nicht unterscheiden das Mysterium des Lichtes von
dem der Finsternis.

Darüber hat auch der Erlöser seinen Jüngern eine Andeutung
gemacht:

"Erkennet, was vor eurem Angesicht ist und das Verborgene
wird euch darin geoffenbart!"

Heil dem, der diese Mysterien erkennen und unterscheiden kann:
Das Wesen von Licht und Finsternis, die n i c h t auseinander
hervorgegangen sind!

Er wird das Ewige Leben ererben.

Das Gleichnis von den Perlen

icht an allen Orten im Meer entstehen Perlen.
Ich habe zu euch gesagt:
Eine Perle entsteht durch den süßen Regentropfen,
der durch die Schale in die Muschel gelangt.

Die Taucher tauchen hinab und holen die Perlen
aus den Tiefen des Meeres herauf.
Und jeder Taucher findet,
was seinem Glück entsprechend, für ihn bestimmt ist.
Die Taucher bringen die Perle den Kaufleuten
und die Kaufleute bringen die Perle den Königen.

Genauso ist es mit der Heiligen Ekklesia,
die aus den Lebendigen Seelen eingesammelt wird:

Die Seelen gelangen ins Fleisch der Menschheit,
wie die süßen Regentropfen in die Muschel.
Aus dem Weltenmeer werden sie eingesammelt
und in die Höhe geleitet.
Die Apostel sind mit den Tauchern zu vergleichen,
die Kaufleute mit den Erleuchtern der Himmel
und die Könige mit den mächtigen Licht-Äonen.

Alle Seelen nun, die im Fleisch der Menschheit heranreifen
und sich daraus lösen, werden zu den
Äonen des Lichtes emporgeführt.

Also ringt darum, meine Geliebten,
daß ihr schöne Perlen werdet
und von den Tauchern des Lichtes zum Himmel geleitet werdet,
damit ihr in einem ewigen Leben Frieden findet.

Jch habe keine andere Betrübnis außer die e i n e:
Um jene Seelen, welche die Hoffnung nicht angenommen
und sich in der Wahrheit nicht gefestigt haben!

Wegen des verderblichen Endes dieser Seelen
haben alle Apostel und Väter, die wahren Propheten,
die sich aus Gott offenbaren,
mit größter Anstrengung und furchtbarer Bedrängnis
sich zum Opfer gegeben,
um jene Seelen vor dem Zweiten Tod zu retten.

Nicht e i n e r der Apostel wollte seine Belohnung
auf Erden empfangen.
Sondern sie haben ihre ganze Zeit
in Pein und Leiden zugebracht
und die Kreuzigung ihres Körpers auf sich genommen,
um die Seelen vor dem Großen Untergang zu retten:
damit sie aufsteigen würden im Neuen Äon zu ewigem Frieden.

Ich bin ein duftendes Samenkorn des Lichtes,
geworfen in einen dichten Wald unter Dornen.

Oh sammle und pflücke mich!

Bring mich heim auf die Tenne des Heiligen Gesetzes,
in den Getreidekeller des Lichtes!

(Aus dem Preislied Jesu)

讚夷數文第二疊

是故澄心禮稱讚
除諸意意真寶言
承前亂覺罪諸愆
今時懺悔罪鎖滅

常榮寶樹性命海
慈悲聽我真寶啓
名隨方土无量名
伎隨方土无量伎

懇切悲嘽誠心啓
救苦平斷无顏面
乞以廣敷慈悲翅
令離能蹐諸魔鳥

懇切悲嘽誠心啓
滿面慈悲真寶父
願捨家所造諸愆
令離魔家詐親厚

力中力无上明尊
智中王无上甘露
普施衆生如意寶
接引離斯深火海

一切明性慈悲父
一切被抄憐愍母
今時救我離豺狠
爲是光明夷數許

Das Große Preislied auf J e s u s

In Demut preise ich den ewig blühenden Baum,
den unvergleichbar von Edelsteinen prächtigen.
Sein Stamm füllt All-erhaltend die Welt.
Seine Zweige, Blätter, Blüten und Früchte bringen Segen.

Alle Erhabenen kommen aus seinen Blüten hervor.
Alle Weisheit wächst in seinen Früchten.
Die fünf Rassen der Lichtsöhne vermag er zu nähren.
Die fünf Rassen der Begierdensöhne vermag er zu unterwerfen.

König der Geist-Seele, rein, ewig und wach, –
mehre die Glaubenskräfte der im Glauben Erleuchteten.
Wer im Glauben ausharrt und vorwärts strebt,
den geleite den Rechten Pfad, der zu Ruhe und Frieden führt.

Nun darf ich öffnen das Auge meines göttlichen Selbst
und erblicke die vier stillen, geheimnisvollen Lichtkörper.
Ich darf öffnen das Ohr meines göttlichen Selbst
und vernehme die reinen Klänge der ewigen Drei-Einheit.

So preise ich Dich in Wahrheit und Demut.
Befreie mich von wirren Gedanken, Du Wahrheit, Wort!
Alle in Unkenntnis einst begangenen Vergehen
bereue ich aufrichtig. Möge die Sünde weichen!

Ewig blühender Edelsteinbaum, Lebendiges Selbst!
Unbegrenzt sind Dein Ruhm und Dein Können.
Aller Licht-Wesenheiten mitleidvoller Vater!
Aller Geraubten mitleidvolle Mutter!
Befreit mich von den Wölfen!
Sei mein Licht, Jesus, Gewährender!

Du bist eine unerschöpfliche Schatztruhe,
gefüllt mit kostbarem Edelgestein.
Tu Dich auf und schenke Dich allen Armen und Elenden,
auf daß sich ihre Sehnsucht erfülle.

Du bist aller Gottheiten ursprüngliche Gestalt.
Du bist der König der Geist-Seele der Weisen.
Verkünde Deine heiligen Beschlüsse
all Deinen Licht-Kindern und schenke Erleuchtung.

Allen Ernsthaften bist Du die rechte Selbst-Erkenntnis.
Allen, die rechtes Handeln üben, bist Du die Tür der Erlösung.
Den Beraubten bist Du vollkommene Rettung.
Den Gebundenen schaffst Du Befreiung.

Oh schaffe Raum den Bedrängten!
Gib Erlösung den Gequälten!
Gib Trost und Überwindung den Weinenden!
Und wiederbelebe alles Licht-Ich!

Innig bitte ich Dich:
Befreie mich vom Fleischeskörper, dem giftigen Feuermeer,
das unaufhörlich wogt und wallt, -
in dem auf- und niedertauchende Seeungeheuer
die Schiffe verschlingen.

Schon zu Beginn ist der stoffliche Leib ein Dämonen-Palast.
Dann ein dichter Wald mit Dornen und Sumpf,
in dem sich Raubvögel und wilde Tiere herumtreiben
und giftige Reptilien und Schlangen massenhaft versammelt
sind.

Dieser Leib formt auch die Glieder für die Begierden-Kräfte
mit ihrer vielgestaltigen Zufügung von Leid.
Er bildet den fünffachen Graben zum Reich der Finsternis
und die fünf giftigen Höfe der Dunkelheit.

Er formt die drei giftigen Sprossen der Erbarmungslosigkeit
und die fünf giftigen Quellen der Hartherzigkeit.

Er bildet das Obere und das Untere,
das Kalte und das Heiße,
die zwei giftigen Räder,
die zweimal sieben und zweimal zwölf Paläste.

Er ist Rüstung und Waffe aller Begierdenkräfte
und das giftige Netz aller irreführenden Lehren,
welches die Schätze mitsamt den Kaufleuten versenken kann
und die Lichtgötter, Sonne und Mond, zu verhüllen vermag.

Er ist aller Höllen Pforte,
aller Wiedergeburten Weg.
Doch gegen die ewige Macht von T a o eifert er vergebens.
Einmal muß er doch Feuer, Fessel und Kerker erdulden.

Auch jetzt werde ich vom stofflichen Leib gepeinigt.
Halskragen, Ketten, Kerker und Fesseln bedrängen mich arg.
Sie machen mich einem Verrückten und Betrunkenen gleich.
Damit sündige ich gegen die ewige Dreiheit
und die vier stillen Körper.

Des Himmels Sternbilder,
Der Erde Pflanzen, Staub, Sand und feiner Regen,
so zahlreich wie sie sind meine Vergehen,
weit über tausendmal zehntausend.

Vernimm die Worte meiner Reue, oh Jesus,
und führe mich aus diesem giftigen Feuermeer!
Schenke mir die duftenden Wasser der Erlösung
und die mit zwölf Edelsteinen besetzen Diademe,
Kleider und Halsschmuck.

Bade mein Selbst in Deinem Wasser
und entferne alles Unreine.
Schmücke die gereinigten Glieder mit Deiner Herrlichkeit
und lasse sie darin erstrahlen.

Mache ein Ende den drei Wintermonaten mit ihren sechs
schädigenden Sinneseinwirkungen und giftigen Winden.
Gewähre dem Erdreich 'Blühendes Selbst' den großen
Frühling des Gesetzes und bringe die Blüten und Früchte
des Baumes 'Selbst' zu Fülle und Überfluß.

Besänftige die heftigen Wogen des Feuermeeres!
Laß die große Sonne des Gesetzes durch alle Wolken,
Nebel und Verhüllungen hindurch erstrahlen!
Mache, daß meine Geist-Seele, mein wahres Ich,
stets licht und rein sind.

Entferne Irrtum und Verblendung, die Krankheit vieler
Weltperioden, samt allen bösen Geistern und Kräften.
Gewähre das Große Heilmittel des Gesetzes und geleite mich
eilends zur reinen, friedevollen Erde.

Aller Kranken Großer Heilkönig!
Aller Verdunkelten Großes Licht!
Aller in vier Richtungen Zerstreuten hilfreiche Einigung!
Allen, die die Geist-Seele verloren haben, mächtiger Wiederbringer!

Strecke Deine mitleidvolle Hand aus, Großer Heiler,
und lege sie auf den lichten Scheitel meines göttlichen Selbst!
Bewahre mich in den Zwölf Stunden ohne Unterlaß!
Laß nicht zu, daß die Begierdenkräfte nahen!

Gib mir wieder die einstige Freude vom Land
des ursprünglichen Lebens.
Befreie mich von den Plagen aus fernen Zeitaltern.
Bringe die wunderbare Schönheit meines Licht-Ich zur Vollendung,
wie einst, als ich noch nicht im Begierden-Reich
versunken war.

D i c h rufe ich an, den reinen, wunderbaren Glanz!
Die von Edelgestein prächtige, neue und reine Erde!
Die kristallene Purpur-Sonne des Heils!
Erleuchte das reine Sandreich meines Äther-Körpers!

Du bist das glückvolle Zeitalter,
welches von allen Seiten unser Licht-Ich durchstrahlt.
In unvergleichlicher Schönheit wandelt und
offenbart es sich mit überirdischer Kraft.

Du bist der Lichterhabenheit barmherziger Sohn
und der rettungsstarke Vater aller Licht-Wesenheiten!
Du bist der auserkorene Bruder aller Götter.
Du bist die mitleidvolle Mutter der Weisheit.

Das Große Preislied auf J e s u s
II.

nter mächtigem Flehen rufe ich Dich in Wahrheit an:
Vollkommenes Antlitz!
Mitleidvoller Vater der Wahrheit!
Entferne all meine begangenen Vergehen
und befreie mich von den falschen Freunden,
der Sippe der Dämonen!

Kraft der Kräfte des Allerhöchsten Lichterhabenen!
König in der Weisheit der Unsterblichkeit!
Schenke allen Menschen den Wunsch-Edelstein!
Nimm uns mit Dir hinweg aus diesem tiefen Feuermeer!

Trage mich unter den weitausgebreiteten Schwingen Deines Erbarmens
und mache, daß mir all die schnellen Raubvögel fernbleiben!

Die unwissende Sippschaft des Begierden-Leibes
hält die Menschensöhne in ihrem Pfuhl umklammert.
Das Dämonen-Ich bereitet meinen reinen Gliedern
fortwährend Schaden und kerkert sie innen und außen ein.

All die bösartigen, zahllosen Vierfüßer, die giftigen Schlangen:
Wie soll ich sie im Zaum halten?
Sie sind wie der schneidende Wind und Frost am Herbstende:
Mit tötlichem Atem fällen sie alles Lebendige.

Das Geformte und das Ungeformte,
alle Körper vom wahren Selbst, die vor langem fortgespült
und im Meer von Geburt und Tod versunken sind,
oh vereinige sie und laß sie sich wieder
über alle Existenzformen erheben!

Auf daß sie nicht wieder abgeschnitten werden
vom Strom des Heiligen Gesetzes!
Auf daß sie nicht wieder vom Rachen der Dämonen
verschlungen werden!

Gewähre Dein mächtiges Heilmittel als erbarmende Stärkung
und wiederbelebe das von allen Seiten bedrängte Licht-Ich!
Laß es nicht wieder durch das Dämonen-Heer verjagt und
beraubt werden und durch den Feind zu Tode kommen!
Überschatte mich mit dem Flügel Deines Lichtes!

Reiche mir Deine große, mitleidvolle Hand und nimm zu Dir
meinen dreifältig reinen, strahlenden Körper.
Hebe auf alle karmischen Bindungen ferner Zeitalter.
Wasche ab allen Schmutz der Vergangenheit.

Öffne die lichten Augen meines strahlenden Selbst,
damit ich frei die vier stillen Körper schauen kann.
Und sie schauend, das Leidenskreuz hinter mich bringe.

Öffne die lichten Ohren meines strahlenden Selbst,
damit ich frei die wunderbar reinen Klänge der Ewigen vernehme.
Und sie vernehmend, den zehntausend Nichtigkeiten entrinne.

Öffne den lichten Mund meines strahlenden Selbst,
damit ich in Vollkommenheit die ewige Dreiheit
und die vier stillen Körper preise.
Und sie in Vollkommenheit preisend,
die falschen Gesänge aus verblendeter Seele meide.

Öffne die lichten Hände meines strahlenden Selbst,
damit ich überall die vier unwandelbar stillen Körper berühre.

Und sie überall berührend,
nimmermehr in die vier großen Nöte versinke.

Befreie meine viele Jahre hindurch gefesselten Füße,
damit ich den Weg des Rechten Gesetzes der Dreiheit
zu wandeln vermag.
Und diesen Weg gehend,
eilends das Reich des Friedens und der Freude erreiche.

Laß mich wieder eine vollkommene, ursprüngliche
Geist-Seele werden, rein und licht, ewig und still.
Und bin ich rein und licht, ewig und still,
dann für immer von Wahn, Irrtum und Sündenfall befreit bin.

Laß mich vor mir sehen den Vater des Erbarmens,
sodaß nicht wieder die Leiden des Geborenwerdens
und Sterbens zurückkehren.
Reinige alle Sinne und laß die Geist-Seele sich öffnen
und strahlen, daß nimmer Verblendung noch Unwissenheit herrschen.

*

Unter mächtigem Flehen rufe ich Dich in Wahrheit an:
Gewähre Dein großes Mitleid und beständigen Schutz!
Blicke gnädig auf die Vergehen ferner Zeitperioden,
die einst von männlichen oder weiblichen Körpern meines Ichs
begangen wurden.

Ich bin ein Lamm des Lichtes.
Vergoß Tränen, litt mit unterdrücktem Weinen und wehklagte
über die Bedrängnis, die ich unter Wölfen und Vierfüßern
erduldete, da sie mich raubten und von der guten Familie
des Lichtes entfernten.

Gewähre Dein großes Mitleid! Sammle und pflücke mich!
Laß mich eintreten in die sanfte, friedliche Herde des Lichtes.
Laß mich den Bergwald des Gesetzes erlangen, die blumen-
und freudenvolle Höhe, auf daß ich frei und allezeit
furchtlos einherwandle.

Ich bin ein duftendes Samenkorn des Lichtes,
weggeworfen in einen dichten Wald unter Dornen.
Oh sammle und pflücke mich!
Bringe mich heim auf die Tenne des Gesetzes,
in den Getreidekeller des Lichtes!

Und ich bin eine Weinrebe,
ursprünglich gepflanzt in einen reinen Park,
den Garten des Gesetzes.
Doch dann von Ranken gequält und von Schlingpflanzen umwunden,
die mir meine beste Kraft entzogen und
die Qual des Verdorrens bereiteten.

Und ich bin ein fetter, fruchtbarer Boden,
in den die Dämonen fünf giftige Bäume gepflanzt haben.
Nimm die Lanze, das scharfe Messer, die Sichel des Gesetzes
und haue sie ab, verbrenne sie und schaffe Klarheit!

Und all das übrige Unkraut und Gestrüpp,
rotte es aus mit dem Feuer Deiner Zucht!
Bringe zum Blühen die fünfzehn reinen Sprößlinge
und laß die fünfzehn reinen Wurzeln wachsen und sich ausbreiten.

Und ich bin ein neues, wunderbares Kleid,
das die Dämonen mit Schmutz befleckt haben.
Oh wasche es mit dem Wasser des Gesetzes und erneuere es,
auf daß ich den freudevoll strahlenden Körper und reine
Glieder erlange.

Unter mächtigem Flehen rufe ich Dich in Wahrheit an:
D i c h, den Edelsteinbaum 'Lebendiges Ich',
den unvergleichlichen Heilkönig,
die Ruhe, die reine Tat, die Vollkommenheit.

Den ewig blühenden Edelsteinbaum, das 'Lebendige Ich',
dessen Wurzeln die festen, diamantenen Glieder sind,
dessen Zweige die erhabene, ewige Freude sind.

Seine durch Edelsteine vollkommen geformten Blätter
sind das Mitleid.
Seine ewig frische, unvergängliche Frucht
bildet die Unsterblichkeit.
Wer sie ißt, beendet für immer den Strom von Geburt und Tod.
Ihr wohlriechender Atem umgibt duftend die Welt.

Du bist, oh Großer Heilkönig, das ersehnte, ewige Leben,
der ewig blühende Baum, der das strahlende Selbst
wieder zu beleben vermag.
Du bist die Weisheit, der unbegrenzte Raum, der ewig Wachsame.
Ja, Du bist der König der Geist-Seele
und Du verstehst, zu unterscheiden.

*

Unter mächtigem Flehen rufe ich Dich in Wahrheit an:
Allweiser! König des Gesetzes! J e s u s!
Laß mich zu beständiger Ruhe und Freude gelangen
und entferne alle unreinen Hüllen von meinem göttlichen Selbst.

Mehre in mir die Glaubenskräfte in den zwölf Stunden.
Laß mich entkommen den Nchstellungen der Begierden-Geister
und dem Rachen der Dämonen-Kräfte.

174

Laß mich eintreten in den herrlichen Wald
des Gesetzes, voll duftender Blüten.
Laß mich eingehen in die reine, friedliche Lämmerherde.
Mehre meinen Glauben als starkes und stetes Fundament.
Gewähre mir Eingang in die gepriesene Licht-Erde.

Wegbereiter! Erlöser von allem Leiden!
Schaff Freude dem Licht-Selbst.
Gewähre den reinen Gliedern Stütze und Halt.

Du vermagst Messerberg und Schwerterwald zu vernichten.
Du unterwirfst Löwen und lautlose Giftschlangen.
Schwer heilbare Krankheiten nimmst Du hinweg.
Schwere Liebesfesseln lösest Du auf.

Ich ziehe nun den Vorhang vom Gesetzestor beiseite:
Großer Heilkönig, erbarme Dich, beschirme uns allezeit!
Unermüdlich wollen wir preisen den Namen des Mitleid-Vaters:
Aus tiefstem Grunde, mit Nachdruck: s o s e i e s!

Lichtreicher Geliebter!
Gib mir Kraft mit Deinem Gnadengeschenk!
Bringe meine Seele in Deine Ordnung, Herr!
Und antworte mir mit Deiner Hilfe inmitten der Widersacher!

Laß an mir vorübergehen alle Zerstörungen
des trügerischen Leibes, der mich mit Schmerzen peinigt!
Führe mich in die Freiheit, erbarmender Geliebter!

Meine Seele weint und schreit auf wegen der Zwänge und Stiche.
Die Lebensstunde dieser Kadaver-Erscheinung
und ihrer verworrenen Tage
sei nun für mich beendet.
Sie war aufgewühlt wie ein wogendes Meer
und angehäuft mit Schmerz, der die Seele zu zerstören suchte.

Von allen Seiten wurde sie bedrängt.
Feuer wurde entzündet und im rauchigen Nebel
wurden alle Quellen der Finsternis geöffnet.
Raubgierige Fische erschreckten meine Seele
und zeigten sich in ihrer Schrecklichkeit.
Durch all die Dämonen und ihre Archonten
wurde ich in Angst gejagt und bedrängt.
Ihr Zorn ballte sich gegen mich wie ein feuriges Meer
und die siedenden Wogen erhoben sich, um mich zu verschlingen.
Aus jedem der vier Bereiche sammelten sich Stürme, Regen,
nebliger Rauch, Blitz, Donner und Hagelwolken,
im Brausen und Tosen der Meereswogen.

Hoch auf fährt das Boot, vom Wellenkamm emporgehoben
und gleitet in die Tiefe, um darin zu verschwinden.
Alle Krampen werden gelöst und die eisernen Nieten ausgerissen.
Alle Rahen werden hinabgezogen, die Masten bersten im Aufruhr
und die Ruder versinken im Meer.
Schrecken ergreift alle im Boot
und die Steuerleute mit ihren Lotsen jammern voll Sorge.
...

*

Alle Bande, Klammern und Verschlüsse des Gefängnisses
waren geschwächt.
Alle Kometen erzitterten, die Sterne wurden geschüttelt
und jeder Planet änderte seine Umdrehung.
Die Erde erbebte, mein unteres Fundament.
Und die Himmel fielen herab.
Alle Flüsse, die Adern meines Leibes,
vertrockneten an ihrer Quelle.
Alle meine Glieder hingen nicht mehr zusammen,
sondern waren zerbrochen.
Beendet war die Anzahl der Jahre, Monde und Tage
und Unheil kam über den Lauf des Tierkreises.
Aufgelöst war jedes Lebensband meiner Seele:
Die Sehnen meiner Füße, die Gelenke meiner Zehen
und jedes Glied von Hand und Finger, – alles war aufgelöst
und hinweggenommen ihr Siegel.
Schwach wurde das Leben in den Knorpeln
und alle meine Glieder erkalteten.
Meine Kniee waren gefesselt durch Furcht
und die Kraft war jedem Bein entzogen.
Und als ich diese Finsternis erkannte,
brach die Kraft meiner Glieder zusammen
und meine Seele stöhnte:

Wer wird mich erlösen von all diesem Elend
und mir einen Pfad ebnen?
Wer wird mich befreien vom lodernden Feuer der Vernichtung?
Wer wird von mir nehmen diesen verweslichen Körper
und mir einen neuen Leib anziehen?

Und als ich so sprach mit zitternder Seele,
erblickte ich vor mir, strahlend, den Erlöser.

Und ich erkannte alle Helfer, die mit Ihm herabgestiegen waren,
um meine Seele wieder in ihre Ordnung zu bringen.
Und als ich meine Augen in jene Richtung erhob, sah ich,
daß aller Tod verschwunden war und alle Verwüstung,
Krankheit und Bedrängnis von mir gewichen waren.
Entflohen war die Finsternis und alles um mich her
ward göttliches Wesen, unvergleichbar.
All mein Sinnen strahlte voll Licht, köstlich und voll Freude.
Der Erlöser sprach mit mir in währendem Glück
und hob aus tiefer Trübsal meine Seele empor:

"Komm, Seele, fürchte dich nicht!
Ich bin Dein Geist und deiner Hoffnung frohe Botschaft.
Du bist das Gewand meines Körpers,
das die Mächte der Finsternis verwirrte.
Ich bin Dein Licht, strahlend, uranfänglich,
Dein hohes Bewußtsein und Deine vollkommene Hoffnung.
Du bist mein Wort und meine Rüstung.
Ich werde dich befreien aus jedem Gefängnis
und dich fernhalten von allem Elend.
Ich werde dich erlösen von aller Vernichtung
und dich für ewig von allen Wunden befreien.

Allen Schmutz und Rost, den du ertragen,
werde ich mit Licht von dir abwaschen.
Aus den Tiefen des Meeres, in die du geraten bist,
will ich dich von allen Wogen befreien.
Ich werde dich nicht in der Hand des Sünders lassen;
denn du bist m e i n auf ewig und in Wahrheit.

Du bist der vergrabene Schatz und der Gipfel meines Reichtums.
Du bist die Perle, die die Zierde aller Götter bedeutet.

Und ich bin die Wahrheit, die in deine Glieder gesät ist.
Du bist meine Geliebte, die Liebe in meinen Gliedern,
mein Heldengeist.
Und ich bin das Licht deines ganzen Baues,
der Grund deines Lebens, das Haupt deiner Seele.

Von der Heiligkeit meiner Glieder
bist du am Anfang hinabgestiegen zu den finsteren Stätten
und du bist deren Licht geworden.
Durch dich wurde dein Diadem verbunden mit allen Feinden
und als es offenbar wurde, herrschten die Stunden der Tyrannei.
Deinetwegen war Kampf und Zittern in allen Himmeln
und und an allen Erd-Übergängen.
Deinetwegen wurden die Mächte der Finsternis gefesselt
und das Diadem wurde ihnen weggenommen.
Deinetwegen offenbarten sich strahlend die Gesandten,
die den Grund der Finsternis entlarvten
und die Lehre des Lichtes brachten.
Deinetwegen zogen die Götter aus und offenbarten sich.
Sie vernichteten den Tod und besiegten die Finsternis.

Du aber bist der erhabene Siegespreis,
als Zeichen des Lichtes, welches die Finsternis überwindet.

Ich bin gekommen, um dich vom Sündenkörper zu erlösen,
dich von allem Leiden zu heilen
und deinem Herzen Freude zu bringen.

Alles, was du dir von mir wünschest, will ich dir geben.
Ich werden deine Wohnstätte im Erhabenen Reich erneuern.
Ich werde vor dir die Pforten zu allen Himmeln öffnen
und deinen Pfad ebnen, ohne Schrecken und Verdruß.

Ich werde dich nehmen mit Macht und zudecken mit Liebe
und zu deiner Heimat, der gesegneten Stätte, führen.
Den Erhabenen Vater werde ich dir zeigen
und dich vor Ihn führen im reinen Gewand.
Die Mutter der Lichter will ich dir zeigen
und die wohltätigen Brüder will ich dir offenbaren
und inmitten von Juwelen und ruhmvollen Göttern
sollst du auf ewig mit allen in Freude zusammenleben.

Furcht und Tod, Bedrängnis und Elend, niemehr
sollen sie über dich kommen.
Friede soll dir werden am Ort der Erlösung.

Komm, oh Seele, und fürchte dich nicht mehr!
Der Tod ist überwunden und die Krankheit entflohen.
Beendet ist das Maß der verworrenen Tage.
Ihr Schrecken ist vergangen wie feuriger Rauch.

Komm, oh Seele, gehe vorwärts!
Hab kein Verlangen nach dem Haus des Elends,
das nichts ist als Vernichtung und bedrückender Tod.

Du bist wahrhaftig eine Vertriebene aus deinem
ursprünglichen Reich und darum hast du von Anfang an
all die Bedrängnis in der Materia, der 'Hylä', erlitten.

Komm nur näher, oh Seele, in Freude, ohne Gram
und liege nicht zufrieden im verderblichen Wohnsitz!
Wende dich nicht um, mit deinem Blick
auf die Körpergestalt gerichtet, die gemeinsam
mit ihren Genossen im Elend liegt.

Siehe, sie kehren zurück bei jeder Wiedergeburt,
jedesmal unter Todeskampf und mit erstickendem Kerker.

Siehe, in allen Kreaturen ist Wiedergeburt
und ihre Stimme wird gehört als brennendes Seufzen.

Komm doch näher, oh Seele, und sei nicht verliebt
in diese Schönheit, die in allen Arten zugrundegeht.
Sie fällt und schmilzt wie Schnee im Sonnenschein
und nicht für eine einzige schöne Gestalt gibt es ein Bleiben.
Sie verdorrt und verwelkt wie eine gebrochene Rose,
die im Sonnenschein vertrocknet und ihre Anmut verliert.

Komm näher, du Seele, und sei nicht verliebt
in die Zahl der Stunden und flüchtigen Tage!
Wende dich nach keiner Erscheinung um!
Begier ist Tod und führt zur Vernichtung.

Komm hervor aus deinem Gefängnis, oh Seele!
Ich werde dich emporführen zu deinem ursprünglichen Wohnsitz.
Erkenne das Reich und das Gefängnis jener Schöpfung,
in welcher alle Lüste schnell zugrundegehen.

Vernichtet werden ihre Höhen samt den Wohnstätten der Toten
und ihre Himmel werden in die Tiefe stürzen.
Und die Falle der Vernichtung wird eilends zuschnappen
über den prahlenden Betrügern.
Über diese ganze Herrschaft, ihre Archonten und Grenzaufwiegler
samt ihrem Sterngefunkel wird Vernichtung kommen
und dauernde Qual in Feuerflammen.

Die Teile der toten Seelen werden ins Grab des Todes gebunden,
wo nur Wehe, Finsternis und Fluch sind.
Gekleidet werden sie in Jammer und da sie untauglich sind,
um zu den Hütern des Bauwerks emporzugehen, werden sie
in die Tiefe fallen und vom Tod verschlungen.
Sie werden seufzen und klagen über ihre ewige Fessel
und es gibt keinen, der sie erhören und Gnade mit ihnen
haben wird.
Und niemand wird sein, der für sie das Tor der Hölle auftut.

Sei herzensfroh über diesen Tag des Abschieds, oh Seele.
Denn beendet sind Krankheit und alles Leiden.
Entweiche dem Betrüger, der dich in Ohnmacht gefangen hielt
durch Bedrängnis und Todesjammer.
Unterdrückt wurdest du in den Niederungen, wo alles nur
Verwirrung ist und du überall zum Gefangenen wurdest.
In allen Wiedergeburten wurdest du erneut aufgehängt
und wieder allerorts vernichtet."
...

*

Meine Seele ist nun erlöst von allen bedrückenden Vergehen
und hinweggenommen ist die finstere Bedrängnisglut,
die mich von jeher zum Gefangenen machte.

Nun bin ich gekleidet ins Gewand des Lichtes
und die Schmerzen des Körpers sind durchschritten.

In Seiner Ordnung bin ich wieder
und gestützt werde ich
vom Erlöser der Seele
durch die genesende Kraft,
die allezeit in Freiheit wirkt.

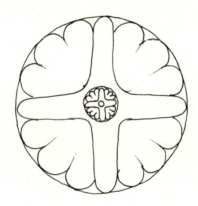

H u w ī d a g m ā n

Glück für uns, daß wir durch Dich Deine Lehre empfingen!
Heilbringender König, neige Dich uns zu!
Als Gesandter Deines Vaters machst Du die Seele gesund.
Du schenkst ihr Freude und befreist sie von Trübsal.

Erhaben und unbegrenzt thronst Du,
wo niemals Finsternis herrscht.
Voll Pracht sind alle Deine Wohnstätten.
Denn freudevoll sind sie im Licht und kennen kein Leid.
Alle, die dort wandeln, währen ewig
und nimmer kommen über sie Verwundung oder Elend.
Die Gewänder, die sie tragen, sind nicht von Hand gemacht.
Immer leuchten sie voll Klarheit
und Motten gibt es in ihnen niemals.
Ihr goldener Kranz welkt nie.
Er ist strahlend gewunden in zahllosen Farben.
Nimmer gibt es in ihrem Körper Schwere oder Mattigkeit
und ihre Glieder kennen keinen Zerfall.
Weder trügerischer Schlaf noch Täuschung ergreift die Seelen.
Die Qualen von Hunger und Durst sind dort unbekannt.
Das Wasser aller Seen duftet wunderbar
und es gibt dort kein Ertrinken in den Fluten.
Ihr Gehen ist schneller als der Blitz.
In den Körpern gibt es nicht das Begierden-Wirken der
finsteren Mächte, auch nicht Angriff oder Streit.
Auch sind an jenem Ort weder Angst noch Schrecken
und nirgends im Land gibt es Verwesung.

Alles - außen und innen - ist voller Licht.
Und alle Gärten sind ohne Dornen und Unkraut
und duften im reinsten Hauch.

Wer die G n o s i s hat und zu diesem Land emporsteigt,
wird seine gnadenvolle Wirklichkeit lobpreisen.

Die Lebendige Seele ist von purem Licht.
Einander liebend in Freude und Reinheit
sind die Seelen dort voll Schönheit.
Tod gibt es nicht unter ihnen.

Wer wird mich befreien aus all den Fallgruben
und Gefängnissen, die angehäuft sind mit bitteren Begierden?

Wer wird mich über die Flut des stürmischen Meeres führen,
über den rastlosen Kampfplatz?

Wer wird mich erlösen aus dem Rachen all der wilden Tiere,
die einander erbarmungslos Schrecken einjagen und vernichten?

Wer wird mich aus den Mauern herausführen
und über die Gräben geleiten,
wo Angst und Zittern sind vor dem Dämon?

Wer wird mich aus allen Wiedergeburten herausführen
und von allen Wellenbewegungen befreien?

Ich weine über meine Seele:
Wenn ich doch erlöst wäre vom Schrecken
der wilden Tiere, die einander verschlingen!

Wer wird mich erretten aus dem Strudel von Hoch und Tief,
die nur 'Hylä' und Bedrängnis bedeuten?
Wo alles nur Qual und Stich des Todes ist
und wahre Hilfe und Freundschaft nicht zu finden sind!

Bis in Ewigkeit ist in diesem Reich kein Heil!
Denn es ist voll Finsternis und rauchigem Nebel,
voll Zorn und ohne Mitleid.
Von Wunden durchbohrt werden alle, die eintreten.
Durch heiße Winde und durch Dürre verhärtet,
gleicht es einer wasserlosen Wüste
und niemals ist darin ein g o l d e n e r Tropfen zu finden.

Alle Sinnenlust hilft zu nichts an jenem höllischen Ort
und alle Idole, Altäre und Bilder dienen nimmer dazu,
um aus jener Hölle befreit zu werden.

(Im Land des Lichtes jedoch) sind die Kränze
der Seelen voll Duft, heilig und unsterblich.
Ihre Körper sind voll der lebendigen, reinen Tropfen.
Einmütig preisen sie alle einander.
Mit lebendigem Heil segnen sie und werden allzeit gesegnet.

All dessen gedachte ich in meinem Bewußtsein
und weinte in meinem Elend:

Wer wird mich von aller Furcht befreien
und mich zu diesem glücklichen Reich emporführen,
sodaß mir Freude widerfahre, gemeinsam mit allen dort Lebenden?

Ich weinte und vergoß meine Tränen auf die Erde,
als ich die Stimme des erbarmungsvollen Königs vernahm:

"Ich werde dich erlösen von allem Elend der rebellischen
Mächte, die dich mit Schrecken erfüllen!
Ich werde dich befreien von aller Tücke und Verwirrung
und Todesjammer!

Ich werde beenden die Wirkkraft aller Zerstörung und Krankheit,
die dich mit dem Tod erschrecken.

Ich werde dich befreien aus der Hand der Höllenwächter,
die dem Seelen-Ich keine Gnade erweisen.

Im Sturm werde ich dich nehmen
und auf Flügeln mit dir davonfliegen,
über alle Mächte der Finsternis und ihre Fürsten hinweg.

Ich werde dich führen
in die uranfängliche Ruhe des Lichtreiches
und dir die Väter zeigen,
dein innereigenstes, göttliches Sein.

Und du sollst froh werden in gnadenvoller Hingabe
und allen Kummer und alles Elend vergessen.

Du wirst ein strahlendes Gewand anlegen
und dich mit Licht umgürten
und ich werde auf dein Haupt legen
das Diadem der Königschaft."

Das L i e d der P e r l e

ls ich ein Kind war
und in meinem Königreich,
dem Hause meines Vaters wohnte,
und mich erfreute am Reichtum und Überfluß meiner Ernährer,
da rüsteten meine Eltern mich aus
und sandten mich aus dem Osten, meiner Heimat.

Vom Reichtum ihrer Schatzkammern wählten sie reiche Gabe,
so viel, wie ich allein zu tragen vermochte.
Gold vom Land der Elläer,
Silber aus dem großen Gazak,
Calzedonsteine aus Indien
und Perlen vom Land der Kushäer.
Auch überreichten sie mir den eisenzerschneidenden Diamanten.

Und sie nahmen von mir hinweg
das leuchtende, edelsteinbesetzte Gewand,
das sie in ihrer Liebe mir bereitet hatten
und den goldenen, nach meiner Größe bemessenen Mantel.

Sie schlossen einen Vertrag mit mir und schrieben ihn
in mein Herz, damit ich ihn niemals vergäße:

"Nachdem du hinabgezogen nach Ägypten,
um dort die Perle zu holen inmitten des Meeres,
von zischender Schlange umzingelt,
sollst du wieder anlegen dein Strahlengewand
und den Mantel, der dir zugemessen,
und du sollst Erbe sein,
du und dein Bruder, der dir nächste."

So verließ ich den Osten und stieg hinab,
von zwei Boten begleitet.
Denn der Weg war gefahrvoll und schwierig
und ich war sehr jung für diese Reise.

So gelangte ich durch das Gebiet von Maishan,
dem Sammelplatz der Kaufleute des Ostens,
erreichte das Land Babel
und trat ein in die Mauern von Sarbug.

Als ich hinab nach Ägypten kam, verließen mich meine Begleiter.

Ich wandte mich sogleich der Wohnstätte der Schlange zu.
Vor ihrer Höhle ließ ich mich nieder und wartete ab,
bis sie einschlafen würde,
um dann die Perle an mich zu nehmen.

Und als ich so allein war, ein Fremdling im Lande,
sah ich einen Jüngling, freigeboren, anmutig und schön,
gebürtig von meinem Stamm aus dem Osten.
Er war der Sohn eines Eingeweihten.
Er schloß einen Bund mit mir
und wurde mein Freund und Gefährte.
Er warnte mich vor den Ägyptern,
vor der Gemeinschaft mit Unreinen.

Also kleidete ich mich in ägyptisches Gewand,
damit keiner gegen mich, der ich von fernher gekommen,
Verdacht schöpfe, daß ich gesonnen sei,
die P e r l e zu holen.
Damit die Ägypter die Schlange nicht gegen mich wecken sollten.

Aus irgend einem Grund entdeckten sie dennoch,
daß ich ein Fremdling war.
Mit ihren Listen verlockten sie mich,
von den Speisen ihres Landes zu essen.
Auf diese Weise vergaß ich, daß ich ein Königsohn war.
Und ich diente ihren Königen.

Ich vergaß die P e r l e,
nach der meine Eltern mich ausgesandt hatten.
Und durch die Schwere jener Speisen
versank ich in einen tiefen Schlaf.

Doch alles, was mir widerfuhr,
entdeckten meine Eltern und sie litten um mich.
In ihrem ganzen Reich wurde die Botschaft verkündet,
daß ein jeder zu den Toren des Palastes kommen solle:
Könige und Fürsten von Parthien und alle Vornehmen des Ostens.

Gemeinsam ersannen sie einen Plan zu meinem Besten,
damit ich nicht länger in Ägypten bliebe.
Mit der Unterschrift aller Edlen ward mir ein Brief geschrieben:

"Von Deinem Vater, dem König der Könige
und Deiner Mutter, der Herrscherin des Ostens
und Deinem Bruder, dem Dir nächsten,
Dir, unserem Sohn in Ägyptenland, Gruß und Heil!

Wach auf und erhebe Dich aus dem Schlaf
und höre auf die Worte unseres Briefes!
Bedenke, daß Du ein Königsohn bist!
In wessen Sklaverei bist Du geraten!
Erinnere Dich doch der P e r l e, um derentwillen
Du nach Ägypten gesandt worden bist.

Erinnere Dich an Dein strahlendes Gewand
und an den goldenen Mantel,

mit welchen Du wieder geschmückt werden sollst!

Ja, Dein Name steht im Buche des Lebens,
auf daß Du mit Deinem Bruder, dem Dir nächsten,
Erbe werdest in unserem Königreich."

Den Brief hatte der König versiegelt wegen der Bosheit der
Babylonier und der tückischen Dämonen im Großen Labyrinth.

Der Brief kam geflogen wie ein Adler, der König aller Vögel.
Er kam zu mir herabgeflogen und fing an zu reden.
Bei seiner deutlich vernehmbaren Stimme fuhr ich auf vom Schlaf.
Ich küßte ihn, erbrach seine Siegel und las:

Sein Inhalt stimmte mit dem überein,
was in mein Herz geschrieben war!

Sogleich erinnerte ich mich, daß ich ein Königsohn war.
Und meine freie Abstammung sehnte sich nach ihresgleichen.

Auch an die P e r l e dachte ich wieder,
weswegen ich nach Ägypten gesandt worden war.

So begann ich, die wütend zischende Schlange mit meinen
Worten zu bannen. Ich wiegte sie in Schlaf,
versenkte sie in Schlummer, während ich den Namen meines
Vaters über sie aussprach und meiner Mutter Namen,
der Königin des Ostens.

Auf diese Weise habe ich die P e r l e errungen.
Ich wandte mich heimwärts, um sie meinen Eltern zu bringen.

Das Schmutzgewand streifte ich ab
und ließ es in Ägyptenland zurück.
Unverzüglich machte ich mich auf den Weg nachhause
zum Licht des Ostens.
Der Brief, der mich aufgeweckt hatte,
befand sich immer vor mir auf dem Weg.
So wie er mich mit seiner Stimme aufgeweckt hatte,
so leitete er mich nun durch den leuchtenden Seidenschimmer
seines herrlichen Lichtes.
Er ermutigte mich fortwährend zur Eile.
Unter der Führung seiner Liebe
kam ich heil aus dem Großen Labyrinth heraus.
Ich ließ Babylon zur Linken und gelangte nach Maishan,
dem großen Hafen der Kaufleute.

Und siehe, das Lichtgewand und der goldene Mantel,
mit welchen ich einst geschmückt gewesen, –
meine Eltern haben sie dorthin geschickt durch ihren
Schatzmeister, dessen Treue sie Vertrauen schenkten.

Ich war mir der Pracht der Gewänder nicht mehr bewußt,
denn ich hatte sie als Knabe
im Palast meines Vaters zurückgelassen.
Als ich plötzlich das Gewand mir gegenüber sah,
schien es meinem Spiegelbild zu gleichen.
Ich gewahrte es ganz in mir und doch stand ich ihm gegenüber.
Wir waren zwei, voneinander geschieden,
und doch wieder eins, in einer Gestalt.
Und auch der Schatzmeister, der es mir überbrachte,
ich sah ihn ebenso als zwei,
und doch wieder als einen, in doppelter Gestalt:

Das Königliche Siegel trugen sie beide.

In seinen Händen lag mein Schatz und mein Reichtum.
Das Lichtgewand wurde mir zurückgegeben.

Es war geschmückt, in leuchtenden Farben,
mit Gold und Perlen und Edelgestein.
Der Länge nach kunstfertig gewebt,
waren alle Nähte mit Diamanten befestigt.
Und auf dem ganzen Gewand erstrahlte
das Bildnis des Königs der Könige, leuchtend wie Saphir.

Auch sah ich das Licht der G n o s i s
vom Gewand ausstrahlen
und ich vernahm, daß es zu sprechen begann:

　　"Ich bin die Tat der Taten,
　　　wie sie von meinem Vater vollzogen wurde."

Das Gewand legte sich über mich und ich nahm wahr,
daß meine Gestalt im Einklang mit der Kraft des Gewandes
wuchs. In königlicher Art hat es sich über mich ausgegossen.
Das Gewand war den Händen des Schatzmeisters enteilt
und strebte zu jenem, der es empfangen sollte.
Ich streckte mich und empfing es
und schmückte mich mit seiner Farben Pracht.
Auch hüllte ich mich in den Lichtglanz meines goldenen Mantels.

Als ich mich so bekleidet hatte,
ward ich emporgehoben zum Palast-Tor meines Vaters,
um Begrüßung und Huldigung zu empfangen.
Ich beugte mein Haupt und verehrte die Herrlichkeit
meines Vaters, der mir das Gewand gesandt
und dessen Auftrag ich nun ausgeführt hatte.

So erfüllte sich für mich, was mir verheißen war.

Am Tor des Palastes mengte ich mich
unter die vornehmen Diener.
Der Vater aber freute sich über mich;
denn ich war wieder in seinem Königreich.
Mit der Stimme des Lebendigen Geistes
wurde er nun von all seinen Dienern gepriesen.

Er sagte mir, daß ich in meinem Gewand
mit ihm zum Tor des Königs aller Könige gehen dürfe.

Dort sollte ich mit meinem Opfer und der P e r l e
mit ihm gemeinsam
vor dem Allerhöchsten König erscheinen.

Inhaltsangabe mit Quellenhinweisen: